오늘 내가 죽어도 세상은 바뀌지 않는다.
하지만 내가 살아 있는 한 세상은 바뀐다.

아리스토텔레스

내가 헛되이 보낸 오늘 하루는 어제 죽어간 이들이 그토록 바라던 하루다.
단 하루면 인간적인 모든 것을 멸망시킬 수 있고 다시 소생시킬 수도 있다.

소포클레스

나는 하버드에서
인생을 배웠다

흔들림 없이 나답게 살아가는 법 11가지

나는 하버드에서 인생을 배웠다

펴낸날 2019년 8월 20일 1판 1쇄
2019년 9월 5일 1판 2쇄

지은이 무천강
옮긴이 하정희
펴낸이 강유균
편집위원 이라야 남은영
기획·홍보 김아름
교정·교열 이교숙
경영지원 이안순
디자인 현애정
마케팅 신용천

펴낸곳 리드리드출판(주)
출판등록 1978년 5월 15일(제 13-19호)
주소 경기도 고양시 일산서구 고양대로632번길 60, 207호(일산동, 대우이안)
전화 (02)719-1424
팩스 (02)719-1404
이메일 gangibook@naver.com
홈페이지 www.readlead.kr
포스트 https://post.naver.com/gangibook

ISBN 978-89-7277-837-0 (03320)

* 잘못된 책은 바꾸어 드립니다.
* 책값은 뒤표지에 있습니다.

이 도서의 국립중앙도서관 출판예정도서목록(CIP)은 서지정보유통지원시스템 홈페이지(http://seoji.nl.go.kr)와
국가자료공동목록시스템(http://www.nl.go.kr/kolisnet)에서
이용하실 수 있습니다.(CIP제어번호: CIP2019029017)

흔들림 없이 나답게 살아가는 법 11가지

나는 하버드에서 인생을 배웠다

무천강 지음 · 하정희 옮김

리드리드출판

프 롤 로 그

최고의 대학이 우리에게 들려주는 인생론

"어떻게 살 것인가?"에 대한 고민은 개인의 삶 전체를 관통하는 질문이다. 어떤 시기에 어느 관점에서 질문을 던지느냐에 따라 자신이 나아가야 할 방향이 정해지고, 시위를 당기듯 매진할 역량을 기르며 목표를 향해 정진하게 된다. 삶의 고비마다 자기에게 던지는 이 고민과 질문에 대한 답을 스스로 찾아내는 과정이 자기 인생의 성립 경로인 것이다.

우리는 자기 이상에 맞게 설정한 꿈을 하나하나 성취해나가며 성장하고 발전한다. 어제와 같은 오늘이 있을 수 없다. 열심과 최선이라는 정신적 도구를 이용해 노력하고 더 나은 사람이 되기 위해 앞으로 나아가기 때문이다. 여기에 더해 한 단계 성장을 거친 후, 또 다시 "어떻게 살 것인가?"에 대한 고민과 질문을 한다. 지난번보다 더 성숙하고 깊어진 고민으로 자신이 인생에서 추구하는 가치에 한 걸음 더 다가가는 것이다. 이를 거듭하며 개인의 역사를 완성해 간다. 한 사람의 역사이지만 여러 사람의 역사가 모여서 사회의 역사가 되고 세계의 역사가 된다. 다시 말해 한 사람의 성취가 사회를 변화시키고 세계의 흐름을 바꿀 수 있다는 것이다.

1636년에 설립돼 380년이 넘는 전통을 자랑하는 하버드대학에서는 이 점을 인식하고 '인생학' 강의를 개설했다. 세계 최고의 석학들이 세계 최고의 인재들에게 전수하는 자기 맞춤형 인생설계도를 그리는 요령이다. 의미를 새기고 접근하면 자기가 원하는 삶을 이루어낼 수 있는 성공의 기초설계 방법인 것이다.

여기서 '비법'이라는 말 대신 '요령'이라고 한 것은 공개할 수 없는 자료나, 하버드대학에서만 은밀하게 숨겨 내려오는 비밀정보가 아니기 때문이다. 어떤 내용은 다른 책에서나 언론 혹은 주위 인생 선배들에게 들었음직한 교훈이나 지침일지도 모른다. 그럼에도 불구하고 하버드가 교양과목으로 개설한 데에는 이유가 있다. 독립된 인생을 출발을 알리는 총성이 울렸음에도 박차고 나가기를 주저하는 학생들에게 용기를 주고 자신감을 높여주기 위함이다. 개인의 성장이 곧 사회의 성장이라는 하버드의 신념 아래 진행된 수업은 이제 학생들 사이에서 인기 강좌로 자리매김하였다. 자신들의 목표를 향해 체계적이고 합리적인 방법을 찾기 위한 것으로 이해된다.

우리는 모두 개성이 다르고 가치관이 다르기에 추구하는 세계관도 다르다. 살아온 환경과 경험도 각기 다른 상황에서 성공하는 인생의 방향성을 제시하기는 매우 어려운 것이다. 더구나 사회적 경험과 전문적 소양이 부족한 학생들에게 삶의 전반을 통찰하고 어떻게 살 것인가 생각하라고 하는 것은 우물가에서 숭늉을 찾는 격이나 마찬가지다. 완벽하고 개성적인 자기만의 인생설계도를 작성하고 싶지만 학생들이 주체적으로 감당하기에는 역부족이다. 이에 하버드대학의 교수들은 단편적인 지식이나 이론보다 성공사례를 분석하고 선배들의 업적과 성과를 통해 연구한 보편적인 진리를 끌어내 강의한다. 학생들에게 실질적이고 진정성 있는 도움을 주려는 것이고, 막연히 열심히 살라는 조언이 아니라 구체적인 방향지시등을 밝혀주는 것이다.

하버드대학의 교수들은 자신들의 강의 내용이 사람들에게 알려지기를 원한다. 그것이 사회적 역량이 될 것이라고 믿기 때문이다. 그런 관점에서 하버드가 들려주는 인생론을 고스란히 이 책에 담았다.

《나는 하버드에서 인생을 배웠다》는 먼저 자신을 아는 것으로 시작해 마인드, 생각, 감정, 인격, 매력, 목표, 시간, 건강, 행복, 성공에 이르기까지 개인이 통제하고 조절해야 하는 상황들이 조직적으로 구성되어 있다. 급변하는 과학기술과 변화하는 사회 환경 속에서 "어떻게 살 것인가?"라는 고민에 대해 자기만의 길을 찾도록 자연스럽게 유도한다. 미래를 이끌어갈 수 있는 내면의 힘을 기르고, 능력이 발휘될 수 있도록 돕는 처방인 것이다. 책을 읽는 것만으로도 치열한 약육강식의 사회에서 살아남을 방법을 터득할 수 있고, 스스로 강한 힘을 갖출 수 있는 지략과 성공의 전략이 될 수 있다.

"자신의 삶을 얼마나 가치 있게 가꿔 가야 할 것인가?"는 누구나 하는 고민이다. 또한 "어떻게 원하는 삶을 살 것인가?"에 대한 걱정도 쌓여만 가는 실정이다. 그런 당신에게 이 책이 자존감을 올려주고 인생의 터닝 포인트를 제공할 수 있을 것이라고 확신한다. 이미 이 강의를 듣고 하버드를 졸업한 사람들이 증명한 사실이다. 성공은 기다리면 이루어지는 것이 아니다. 만들어가는 것이다.

I wish you success!

지은이 무천강

차례 contents

Part 2
MIND_마음의 방향을 틀어 세상을 넓게 보라

Part 3
THINKING_생각의 틀을 깨라

Part 4

EMOTION_감정을 파악하고 운명을 장악하라

Part 5

PERSONALITY_인격은 성공의 디딤돌이다

Part 6
CHARM_매력적인 사람이 되라

Part 7
IDEAL_정확한 목표로 삶의 방향을 이끌어라

Part 8
TIME_한정된 시간에 많은 일을 완성하라

Part 9
HEALTH_건강은 가장 큰 당신의 자산이다

Part 10
HAPPY_행복을 이해해야 행복을 만날 수 있다

Part 11
SUCCESS_사소한 만족을 탑처럼 쌓으면 성공한다

행복에는 두 갈래의 길이 있다.
욕심을 줄이거나 재산을 많이 가지면 된다.

벤저민 프랭클린

Part 1

MYSELF

자신을 알면 성공이 보인다

MYSELF

H A R V A R D

L I F E

C O U N S E L I N G

"진정으로 자신을 알면, 자기의 장점을 발휘하고, 단점은 보완할 수 있습니다. 당신의 펄떡이는 가슴에는 이미 당신이 꿈꾸는 최고의 목표를 실현할 힘이 있습니다. 그 힘이 당신의 삶을 의미 있게 만듭니다."
미국의 제2대 대통령 존 애덤스의 말이다.
잠재된 능력을 향상시킬 수 있는 힘의 근원은 바로 자신을 아는 것이다. 자신감과 용기를 가지고 자기의 단점을 직시한다면, 자신의 문제를 알게 되고 개선할 방법을 찾게 된다. 이것이 자신을 원대하게 성장시킬 수 있는 길이다.

01

자신을 알아야 성공이 보인다

"너 자신을 알라."

고대 그리스인은 이 문구를 아폴로 신전기둥에 새겼고, 위대한 사상가 소크라테스는 일생의 좌우명으로 여겼다. 이와 맥을 같이하여 하버드대학 제22대 총장 애버트 로렌스 로웰은 "자신이 무엇을 할 수 있는지 아는 것도 중요하지만, 무엇을 할 수 없는지를 아는 것은 더욱 중요합니다."라고 말했다.

하버드대학에서는 전통적으로 "자기 자신을 알아야 합니다. 자신에 대해 잘 모른다면 알기 위해 노력하세요. 자기 자신을 아는 사람만이 타인을 이해할 수 있습니다."라고 강의한다. 자기의 장점뿐만 아니라 단점까지 객관적으로 알아야 한다는 뜻이다. 그러나 대부분의 사람들은 자신의 부족한 점에 대해 직시하지 않고 인정하려 하지 않는다. 다른 사람보다 열등해보일까 봐 불안한 것이다. 누구든지 자기의 부족한 부분을 대면하기는 두렵다. 두려움을 이겨내고 회피하지 않으면 개선할 방향을 찾아 더 빠르게 발전할 수 있다.

문학계의 거장 괴테의 꿈은 시인이나 작가가 아닌 화가였다. 그는 10년 동안 화가가 되기 위해 노력을 기울였는데 그림 실력은 좀처럼 나아지지 않았다. 화가의 꿈을 이루지 못한 채 십여 년의 시간을 보내고서야, 괴테는 자기 자신을 돌아보고 도화지 대신 원고지를 앞에 두게 되었다. 그렇게 문학계 거장이 탄생했다.

배우 홀리 헌터도 괴테와 비슷하다. 그녀는 키가 작은 여성으로 역할이 고정되는 것을 피하고자 시행착오를 겪었다. 그 후 자신의 아담한 체구, 뚜렷한 개성, 풍부하고 유연한 연기력을 내세워 할리우드에서 자신의 위치를 새롭게 설정했다. 그리하여 〈피아노〉에 출연할 수 있었고 세계적으로 촉망받는 할리우드 스타가 되었다.

괴테나 홀리 헌터는 결코 하나의 길만을 고집하지 않았다. 자신이 가려던 길의 방향이 잘못되었다는 걸 깨달았을 때, 과감하게 처음으로 되돌아가 자기 자신을 다시 살펴보았고, 자신에게 올바른 길을 찾아주었다. 자신을 정확하게 알면 성공이 보인다.

자기를 관찰하는 방법에는 세 가지가 있다. 첫 번째는 외적인 외모와 태도, 건강상태 등에 대한 관찰이다. 두 번째는 처해 있는 환경에서의 언행과 사회적응 능력 등을 살펴보는 이미지 관찰이다. 세 번째는 성격 특징, 흥미, 정치 성향, 도덕, 지식수준 등이 포함된 정신세계에 대한 관찰이다. 모두 자신의 일상행동과 경험 속에서 하나하나 발견할 수 있는 것들이다.

자신의 경험 속에는 성공과 좌절, 재능이 담겨 있다. 과거의 성공 혹은 실패의 경험을 교훈삼아 자신만의 특징을 발견하고, 반성과 관찰을 통해 자신의 소질과 결점을 발견해내면 된다. 의지와 포부, 감정의 상태까지 객관적으로 분석하면 더 정확하게 자신을 알 수 있다.

자신을 아는 것은 '나'를 성장시키는 전제조건이다. 자기 자신을 정확하게 알수록 성공의 길이 트인다.

Harvard Life Counseling

하버드대학을 졸업한 미국 제2대 대통령 존 애덤스는 "자기 자신을 잘 알고 이해해야 합니다. 진정으로 '나'를 알아야 자신의 인생을 손에 쥐고 장점은 발휘하고, 단점은 보완할 수 있습니다."라고 말했다.

긍정적으로 올바르고 즐겁고 행복한 사람이 되려면 자기 자신을 알기 위한 훈련을 해야 한다. 성공으로 가는 인생에서 무엇보다 중요한 일은 자기 자신을 알고, 파악하는 것이다.

02

자신의 구경꾼이 되어라

사회초년생들은 사회가 불공평하고, 학력은 무용지물이라고 불만을 터뜨린다. 구직자는 인재를 알아보지 못한다고 회사를 욕한다. 미팅에서 거절당한 창업 유망주는 평가한 사람이 안목이 없다고 불평하고, 모두들 자기 능력에 비해 기회를 만나지 못했다고 불만을 토로한다. 화살을 현실로 돌릴 뿐 자기반성을 하지 않는 것이다.

하버드대학을 졸업한 윌리엄스는 게임 소프트웨어를 개발하는 엔지니어다. 1년 동안 세 번이나 이직을 했지만 모두 만족스럽지 않았다. 그러던 어느 날 비행기에서 우연히 한 소프트웨어 개발사 사장을 만났다. 네 번째 이직을 준비하던 윌리엄스는 개발사 사장과 이런저런 이야기를 나누기 시작했다.

윌리엄스는 청산유수로 자신의 이상에 관해 이야기했다. 전 세계적으로 인기를 끌 게임 소프트웨어를 개발하고 싶다는 것부터 진정으로 자신의 가치를 알아주는 사람을 아직 만나지 못했다는 것까지 열변을 토했다. 이야기를 다 듣고 난 개발사 사장은 그 자리에서 윌리엄스를 자신의 회사에 채용했다.

그러나 윌리엄스의 새 직장생활은 3개월 만에 끝나버렸다. 윌리엄스의 호언장담은 실제 조직에 중점을 두지 않는 그의 단점과 결함을 가려주지 못했다. 자신이 왜 또다시 해고를 당하게 됐는지 여전히 이해할 수 없었던 그는 지도교수였던 앤드류를 찾아갔다.

"첫 직장 상사가 자네의 능력을 알아주거나 높이 평가하지 않았던 건 그 사람이 사람을 볼 줄 몰랐던 것일 수도 있네. 두 번째 직장 상사가 자네의 능력을 알아차리지 못했던 것도 자네 말대로 운이 없었던 것일 수도 있네. 그러나 세 번째, 네 번째, 심지어 백 명의 사람을 만나도 여전히 자네에게 중요한 자리를 위임하지 않는다면 이건 누구의 문제라고 생각하는가?"

윌리엄스는 비로소 문제의 원인이 자신에게 있음을 깨달았다.

자신을 공정하고 객관적으로 평가하려면 구경꾼의 시선과 자세가 필요하다. 중국의 격언 중에 "당사자보다 옆에서 구경하는 사람이 그 사람을 더 잘 안다."라는 말이 있다. 자신은 자기를 제대로 알지 못한다는 뜻이다. '실존의 나'와 일정한 거리를 유지하고 바라보면 자신의 진면모를 볼 수 있다.

물론 우리 모두가 자신의 구경꾼이 될 능력과 용기를 갖추진 않았다. 대개 EQ가 높은 사람은 자신의 구경꾼 역할을 잘한다. 그들은 자신의 감정 상태를 인지하고 조절한다. 외부요인이나 불쾌한 감정에 집중력을 잃거나 과대망상에 빠지지 않고, 민감하게 반응하지 않으면서 중립을 유지한다. 자기 연민이나 자기애의 함정에 빠지지 않고 자신의 문제를 해결할 수 있는 방법을 찾는다.

EQ가 높은 사람은 화가 났을 때, 매우 빠르게 자신의 감정에 변화를 깨닫고 불쾌한 감정을 드러낼 수 있는 두 가지 방법을 떠올린다. 첫 번째는 상대방에게 불쾌한 감정을 드러내는 것이고, 두 번째는 상대방을 용서하고 자기의 기분이 엉망이 되지 않도록 잊어버리는 것이다. EQ가 높은 사람들은 대체로 두 번째 방법을 선택한다. 서로 상처를 주지 않으면서 더 큰 골칫거리가 생기는 걸 막고, 불쾌함이 자신의 기분을 엉망으로 만드는 것을 막는 것이다.

이제 당신은 자신의 감정변화를 즉각 알아차려서 상대와의 관계, 분위기를 올바른 길로 이끌어가는 데 활용해야 한다. 자신의 감정변화를 알아채고 피드백을 해주는 적극적인 구경꾼이 되자. 당신이 변해야 하는데 무엇을 망설이는가?

Harvard Life Counseling

《하버드 행복 수업》에서는 "주위 사람들의 태도와 평가는 자기 자신을 알고 이해하는 데 도움이 된다. 그러므로 우리는 타인의 태도와 평가를 존중하고, 그것을 냉정하게 분석해야 한다. 타인의 태도와 평가를 절대 가볍게 봐서도 안 된다."라고 말했다.

03

자신의 부족함을 인정하고 채워라

'완벽'은 호소력이 매우 큰 단어로 모든 사람은 완벽을 추구한다. 하지만 완벽하기란 결코 쉽지 않다. 완벽함에 이르기 위해 온갖 역경을 이겨낸다 해도 당신이 추구하는 완벽에 다가서기는 어렵다. 스스로 완벽하지 않다는 사실을 알기 때문이다. 그렇지만 완벽하기 위해 힘쓴 정신력과 체력은 값진 결과로 이어진다.

미국의 사회운동가이자 심리학 교수인 허버트 사이먼은 "가장 좋은 것은 좋은 것의 적이다."라고 했다. 그가 어렸을 때, 한 단어를 반복해서 고쳐 쓰다가 공책이 찢어져 새 공책에 다시 한 번 옮겨 써야 했다. 숙제하느라 하루의 절반을 다 써버린 그는 몹시 짜증나 있었다. 그 모습을 본 할머니가 이야기 하나를 들려줬다.

"한 어부가 바다에서 진주 한 알을 건지고 몹시 기뻐했단다. 그런데 안타깝게도 진주 표면에 작은 반점이 하나 있었지. 반점을 제거하면 완벽해질 것으로 생각한 어부는 진주의 한 면을 깎았단다. 하지만 반점은 사라지지 않았고 어부는 계속해서 진주를 깎아야 했지. 그렇게 계속 깎아내도 반점은 여전히 사라지지 않았고, 마침내 반점이 사라졌을 땐 진주도 더 이상 진주가 아니었단다."

완벽함과 아름다움을 유지하기 위해 결점이 존재한다는 말이다. 무작정 결점을 없애려다 보면 오히려 일을 그르치고, 완벽에서 더욱 멀어진다. 결점이 있기 때문에 추구할 대상이 생긴다. 결점을 대하는 가장 현명한 방법은 완벽을 추구하는 것이 아니라 부족한 점을 보완하려고 노력하는 것이다.

일본 작가 오카쿠라 덴신이 쓴 《차의 책》에 "정원이 깨끗한 것도 중요하지만, 계절의 아름다움을 잃어서도 안 된다는 걸 명심해라."라는 말이 나온다. 다인茶人이 아들에게 정원 청소를 시키자, 아들은 정원에 티끌 하나 남지 않게 청소하기 위해 쓸고 또 쓸었다. 하지만 다인은 불만족스러운 듯 정원으로 가서 단풍나무를 흔들었다. 낙엽이 바닥에 우수수 떨어졌을 때 다인이 아들에게 한 말이다.

어떤 일을 할 때 지나치게 엄격하면 자연스러움이 사라지는 것처럼 너무 완벽을 추구하면 '아름다움'이 사라진다. 어느 정도의 결점은 아름다움을 위해 존재하는 조건 중의 하나이며, 아름다움이 돋보이려면 어느 정도의 결점은 필요하다.

'밀로의 비너스'는 팔이 잘린 불완전함은 결점이지만 그로 인해 최고의 조각으로 인정받는다는 사실을 부정할 수 없다. 수련이 진흙 속에서 피는 것을 보고 어떤 이는 수련의 고결함과 어울리지 않는다고 개탄한다. 그러나 진흙을 떠나면 수련은 생명력을 잃으니 고결함도 의미가 없어진다. 결점과 아름다움이 공존하듯 당신의 부족함은 당신의 일부분이자 고유의 이미지를 형성하는 데 중요하고 대체할 수 없는 요소다.

자신감이 부족한 사람은 존경과 부러움, 선망을 갖고 타인을 바라보며 동경한다. 자신과 비교하여 자기의 못난 부분을 들춰내고 민망해한다. 다른 사람은 완벽하고 자신은 한없이 부족하다고 믿는다.

이제부터 생각을 바꿔라. 자신에 대해 불만족스러울지라도 다른 사람이 보기에 뛰어난 점을 가진 이상적인 인간일 수 있다. 자신을 인정하고 받아들이는 연습을 하자. 그래야 어떤 일이든 도전할 자신감이 생긴다.

Harvard Life Counseling

미국 일간지 〈보스턴글로브〉에 실린 '하버드대학 교수가 졸업생에게 전하는 메시지'에서는 "완벽을 지나치게 추구하느라 자신에게 불필요한 스트레스를 주지 마세요. 하버드대학에서 얻은 최대의 수확은 하는 일마다 완벽을 추구하지 않아도 된다는 걸 알게 된 것입니다. 하는 일마다 완벽하기란 매우 어렵습니다. 우리는 한계가 있기에 모든 것을 다 제대로 살필 수가 없습니다. 매사에 최선을 다한다면 아쉬움은 남지 않을 것입니다."라고 말했다.

04

자신을 사랑하는 법을 배워라

경제잡지 《포브스》의 편집장 데이비드는 직원 한 명을 해고할 것이라고 발표했다. 다만 대상이 누구인지는 언급하지 않았다. 회의가 끝난 후 한 직원이 불안해하며 물었다.

"제가 회사에서 좋은 모습을 보이지 못한 것 같은데 혹시 해고하려는 사람이 저인가요?"

데이비드는 그의 긴장한 모습을 보고 천천히 입을 열었다.

"누구를 해고할지 아직까지 결정내리지 못했는데, 지금 알게 됐군요. 당신을 해고하겠습니다."

그 직원은 자신을 사랑할 줄 몰랐기 때문에 자아를 잃어버려 해고당했다. 자신의 가치가 무엇인지 자기가 모르는데 어떻게 다른 사람이 그의 가치를 인정하겠는가? 실패했기 때문에 자아를 잃은 게 아니라 자아를 잃었기 때문에 실패한 것이다.

하버드대학의 '자기 가능성'에 관한 이론에는 "사람은 저마다 재능을 가지고 있다. 하늘도 자기의 장점을 충분히 발휘할 기회를 공평하게 준다. 다만 자기를 사랑하는 마음으로 재능을 깨우는 자만이 발휘할 수 있다."라고 명시돼 있다.

홍콩 영화 〈댄스 오브 드림〉에서 댄스 강사는 '미운 오리 새끼' 같은 여주인공에게 "당신은 최고가 될 수 있어요. 자신을 사랑해 봐요."라고 말한다. 별거 아닌 이 한 마디는 여주인공에게 엄청난 용기를 준다. 그렇게 자신을 사랑하는 법을 배운 여주인공은 아름다운 백조가 되었다. 자신의 장점을 알고 자신감으로 강력한 카리스마를 뿜어낼 수 있게 된 것이다.

하버드대학 사회과학대학원 스미스 교수는 "진정으로 자신을 받아들이고 사랑할 수 있을 때 더 큰 발전을 하게 된다."라고 말했다. 지금껏 당신은 금수저가 아니라고 수없이 원망했고, 지금까지 겪은 우여곡절로 인해 괴로워했고, 순탄하지 않은 삶을 한탄했을 것이다. 이제부터는 자신을 제대로 사랑해본 적이 있는지 자문해보자.

자신에게 박수를 보내는 사람은 끊임없이 움직일 수 있는 원동력이 샘솟고, 외부의 그 어떠한 도전도 과감하게 받아들인다. 뿐만 아니라 용감하게 자신의 이상을 추구하고 목표를 실현하기 위해 부단히 노력한다.

자신에게 도취되라는 말이 아니다. 스스로 잘났다고 여기는 것, 남의 의견을 듣지 않고 고집을 부리는 것, 현실에 안주하는 것은 자신을 사랑하는 게 아니다. 하버드대학의 매슬로 교수는 "여러분의 몸에 묻어 있는 먼지를 털어내야 무한한 잠재력을 발휘해서 하는 일마다 성과가 있고, 새로운 기적을 만들어낼 수도 있을 것입니다."라고 말했다.

자신을 사랑하는 건 자기 자신을 정확히 안다는 전제하에 스스로에 대한 믿음을 키우고, 자신의 능력을 정확하게 평가하고, 자신만의 길을 가는 것이다. 그래야만 자기 인생에서 어떤 후회도 없다.

Harvard Life Counseling

하버드대학의 심리학자 블랑크는 "자신을 사랑할 줄 모르는 사람은 발전할 희망이 없다."라고 말했다.

진정으로 자기 자신을 사랑할 줄 아는 사람은 긍정적으로 자신 있게 세상을 살고, 활력과 열정이 가득해서 그와 함께하는 사람들도 긍정 에너지를 받는다. 자신을 사랑하는 법을 배워서 자신이 내딛는 걸음마다 칭찬하고, 앞으로 나아갈 자신감을 키워라. 그러면 당신 기대보다 멋진 인생이 펼쳐진다.

05

자신에게 맞는 길을 찾아라

경영이론 중에 '나무통 이론'이 있다. 길이가 다른 여러 개의 나무 조각을 이어 통을 만들면 가장 짧은 나무 조각의 높이에서 물이 먼저 넘치기 때문에 다른 나무 조각들의 높이가 아무리 높다고 해도 그 짧은 나무 조각의 높이밖에 물을 담을 수 없다는 논리다.

길이가 짧은 나무 조각은 기업의 '약점'을 의미하고, 기업의 성패는 그 '약점'에 달려있다는 경영이론이다. 중국 기업 레노버Lenovo 창업주 류촨즈 회장이 주창했는데, 대다수 하버드대학의 교수들은 나무통 이론을 개인에게 적용시켜서는 안 된다고 말한다. 한 사람의 능력과 자질은 그 사람의 길이가 가장 '짧은' 나무 조각으로 결정되지만, 그 인생이 얼마나 비범할지의 여부는 가장 '긴' 나무 조각에 의해 결정된다고 믿기 때문이다.

1990년대 말은 컴퓨터가 유행하던 시기였다. 당시 사람들은 정보화 시대가 오기 때문에 정보통신기술에 능통해야만 유능한 사람으로 인정받을 수 있다고 믿었다.

그 시대에 태어나고 자란 퍼시도 화가의 꿈을 접고, 앞으로 촉망받을 거라는 컴퓨터 분야에 매진하기로 했다. 그렇지만 2년 동안 열정을 쏟아 부었음에도 불구하고 퍼시는 컴퓨터 기술에서 남들보다 뒤처졌다. 그리고 정보통신 산업이 다른 산업을 모두 대신할 수 있을지에 대한 의문도 들었다. 고민 끝에 퍼시는 "정보가 모든 것을 주도하는 시대가 온다고 해도 예술의 영역은 사라지지 않을 것이다."라는 결론을 내렸다.

퍼시는 다시 붓을 쥐고 실력을 쌓기 시작했다. 컴퓨터 공부에 매진했던 2년이라는 시간이 자신의 인생에 많은 도움이 된 건 맞지만, 열정과 꿈이 가득했던 소중한 시간을 예술 창작에 썼더라면 지금보다 더 크게 발전했을 것이라는 아쉬움이 남았다.

퍼시처럼 지금도 많은 사람이 자신이 하는 일에서 즐거움이나 성취감을 찾지 못해 괴로워하는 악순환에 빠져 살아간다. 처음부터 자신의 자리를 잘못 설정했기 때문에 초래된 결과다. 그 일을 잘하지 못하고, 잘 해낼 힘이 없는 데도 불구하고 그 일을 하는 게 경제적인 면이나 사회적 지위 면에서 합리적이라는 판단 아래 자신을 꿰맞추고 있기 때문이다.

억지로 발을 구겨 넣은 신발을 신고는 한 발짝도 움직일 수 없는 것처럼 자기의 적성이나 재능을 배제하고 선택한 일에서 엄청난 능률과 성과를 기대할 수 없음을 명심해야 한다.

1952년 11월 9일, 이스라엘 초대 대통령 하임 바이츠만이 병으로 세상을 떠났다. 아인슈타인은 그의 진실한 벗이었다. 바이츠만이 세상을 떠나기 하루 전, 아인슈타인을 이스라엘 차기 대통령으로 추대한다는 편지가 전달됐다. 그날 밤, 한 기자가 아인슈타인에게 전화를 걸어 편지의 사실 여부를 물었다. 아인슈타인은 매우 평온하게 대답했다.

"아닙니다. 저는 대통령직을 이어받지 않습니다. 제겐 그럴 능력이 없습니다."

"대통령이 할 업무가 그렇게 많지 않고, 무엇보다 대통령은 상징적인 자리입니다. 교수님은 세계에서 가장 위대한 유대인입니다. 아니, 세계에서 가장 위대한 사람입니다. 이스라엘의 대통령이 된다면 유대인의 위대함을 드러낼 뿐만 아니라 유대인의 찬란한 미래를 보여주는 것입니다!"

기자의 목소리는 점점 격양되었다.

"저는 그 일을 할 수 없습니다."

아인슈타인은 기자의 말에 단호하게 대답을 했다. 그리고 얼마 후 아인슈타인은 미국의 권위 있는 신문에 이스라엘 대통령 직을 맡지 않을 것이라는 성명을 발표했다.

"자연에 관해서라면 어느 정도 안다고 할 수 있을지도 모르지만, 인간의 본성에 관해서는 조금도 알지 못합니다. 그에 비해 제게 더욱 중요한 것은 방정식입니다. 정치는 바로 직면한 것을 위해서지만, 방정식은 영원한 것이기 때문입니다."

당신은 다른 사람이 기대한 대로 인생을 살아갈 필요가 없다. 그들의 기대를 충족시키기 위해 자신의 결점을 숨길 필요는 더더욱 없다. 가면을 쓴 채 살아가면 얼마 못 가서 결국 지치게 마련이다. 자신에게 어울리는 길을 찾고, 자신이 좋아하는 일을 하면 틀림없이 더 많은 성공의 기회를 거머쥘 것이다.

Harvard Life Counseling

하버드대학에서는 개인의 됨됨이에 관해 별로 신경 쓰지 않는다. 이러한 교육방침을 감추려고 하지도 않았다. '솔직하게 보여주는' 특색이 하버드대학을 전 세계 최고 명성을 지닌 학교로 만들었다. 그래서인지 하버드대학 출신의 성공 인사들은 저마다 특별한 개성이 있다. 이 개성은 그들이 성공한 후 진정으로 자아를 형성하고, 진지하게 사람들을 대하는 결정적인 역할을 한다. 개성을 중시하고 "꾸준히 자기 자신에게 어울리는 길을 찾아라."는 하버드대학 지침을 실천한 것이다.

06

자신감은 절대 선물로 받을 수 없다

미국의 문학가 헨리 데이비드 소로는 "당신이 기대하는 방향으로 자신 있게 나아가면, 기대했던 삶을 삽니다. 당신이 자신에게 보내는 격려에 따라 인생의 법칙도 단순하게 변할 것이며, 고독은 더는 고독이 아니고, 가난도 더는 가난이 아니게 됩니다. 취약함도 더는 연약함이 아닙니다."라고 말했다. 하버드대학 교수이기도 했던 소로의 이 명언은 하버드 문화에 녹아들어 졸업생들은 "나는 못 해!"라는 말을 죽을 때까지 하지 않는다고 한다.

미국 코네티컷 주에서 태어난 에릭은 어릴 때부터 눈의 망막에 희귀병을 앓았고, 13살에 시력을 완전히 잃었다. 아버지는 에릭의 자신감을 찾아주기 위해 매년 여름 함께 하이킹을 떠났다. 그 뒤 에릭은 야외에서 하는 운동을 좋아하게 됐고, 심지어 암벽타기와 등산 훈련까지 시작했다. 에릭은 자기 자신에게 "앞이 안 보이는 건 별일이 아니야. 나는 반드시 세계에서 가장 높은 산 정상에 오르고 말 거야."라고 말했다. 이러한 신념으로 점점 더 높은 산에 오르면서 도전 의지를 다졌다.

몇 년 후, 에릭은 '미국 시각장애인 기금회'의 찬조와 동료들의 도움으로 북아메리카에서 가장 높은 매킨리산에 오르는 데 성공했다. 에릭은 걸음을 거기에서 멈추지 않고 세계 7대륙으로 무대를 넓혔다. 아프리카의 킬리만자로산, 남아메리카의 아콩카과산 등 세계의 높은 산들이 그의 발아래에 있었다. 2001년에는 에베레스트산 정상에 오르는 데 성공했다. 7대륙 고산을 102번째로 정복한 산악인 중 에릭이 유일한 시각장애인이었다.

에릭이 처음 고산을 오르겠다고 했을 때 주변 사람들은 무모한 일이라며 모두 말렸다.

"나처럼 두 눈이 보이는 사람도 도전하기 어려운 산입니다. 그는 매우 어리석은 결정을 했습니다!"

산악인들조차 실현 불가능한 임무라고 생각했고, 전문 산악인들에 대한 모욕이라고 비난했다. 그러나 스스로에 대한 믿음으로 에릭은 뜻을 꺾지 않았다. 마침내 그는 해냈고 기적을 만들어냈다.

자신의 능력을 의심하는 사람들이 있다. 그들은 어떤 일에 직면하면 미리 "내가 어떻게 감히.", "난 안 될 거야.", "내 능력 밖이야."라며 치부해버리고 만다. 자신도 모르는 사이 자신에 대한 인식이 부정적으로 탑재되어 버린 것이다. 그래서 개선하지 못하고 계속 같은 상황을 답보한다. 그들을 지켜보는 게 답답하지만 어쩔 수 없다. 인식의 개선에 있어서 자의식 가장 중요하기 때문이다.

자신감이 부족한 사람은 자신의 단점을 발견하고 그것에 집착한다. 그들은 자신의 단점과 타인의 장점을 비교하는데, 이런 행동이 자신의 기분을 망가뜨리고 자신감을 떨어뜨리는 것임을 알지 못한다. 예를 들어 자신의 친구는 아침 6시에 일어나고 저녁 11시에 잔다. 자신은 아침 9시에 일어나고 새벽 2시에 잔다. 아침형 인간의 친구와 저녁형 인간의 자신과는 생활리듬의 차이일 뿐이다. 하루를 활용하는 시간은 같다. 그런데 친구의 부지런함을 부러워한 나머지 자신을 게으른 자로 낙인찍는다. 그 친구만큼 시간 활용이 용이한데도 자신은 게을러서 안 되는 것으로 시작하기도 전에 포기해버리는 것이다. 자신의 부족함을 자책하지 마라. 우리에게는 '나도 쓸모가 있어!'라는 생각의 전환이 절대적으로 필요하다. 실패로 깊은 자책감에 빠지려 할 때는 마음속으로 '완벽주의자가 되려고 하지 말자.'라고 되새겨라.

자기의식의 문제점을 알고 수정하려면 강한 자기의지가 있어야 한다. 하버드대학을 졸업한 학생들에게 대학에서 배운 것 중 가장 중요한 것이 무엇이냐고 묻는다면 '자신감'이라고 대답한다. "다른 사람이 할 수 있다면 나도 할 수 있어!"라고 자기 암시를 건다고 했다. 침대 맡이나 책상 위 어디든 "나는 할 수 있어!"라는 자신을 격려하는 말을 붙여놓고, 매일 아침 혹은 업무하다 지쳤을 때, 잠들기 전에 몇 번이고 주입한다는 것이다. 업무에 착수하기 전, 다른 사람과 교류할 때, 난관에 부딪혔을 때는 더욱더 반복해서 "나는 할 수 있다!"라고 외친다고 한다. 그러면 긍정적인 자기 암시의 효과를 얻으면서 자신감이 충전되어 일의 효율성까지 올라간다는 것이다.

다른 각도로 문제를 바라보면 새로운 해결방안이 생긴다. 자기단점에 시선이 꽂혔다면 고개를 돌려라. 자신의 장점을 인정하고, 자기에게 긍정적인 격려를 보내자. 자신감은 누가 주는 선물로 주지 않는다. 자신이 높여가는 것이다.

Harvard Life Counseling

하버드대학 심리학 교수 레이첼 카슨은 "많은 사람이 실패하는 이유는 자신의 장점을 보지 못하고 다른 사람을 부러워하고 그를 따라 하는 실수를 하기 때문입니다. 놀랍게도 성공은 용감하게 자기의 길을 가는 데에 있습니다."라고 말했다.

죽을 때까지 "나는 못 해!"라는 말을 하지 않는 것은 성공을 갈망하는 사람이 갖춰야 할 첫 번째 요소다. 자기 자신을 믿고 승리자의 태도로 인생목표를 향해 끈질기게 달려들어라. 그러면 반드시 얻는 것이 있다. 당신이 그토록 원하는 바로 '성공'이다.

Part 2

MIND

마음의 방향을 틀어
세상을 넓게 보라

MIND

H A R V A R D

L I F E

C O U N S E L I N G

하버드대학 심리학 교수 웨일스 로더만은 "새가 낭랑하게 지저귀는 소리와 우아한 음악을 들을 수 있을 때, 대자연이 주는 선물에 감사해야 합니다. 가을의 단풍을 보고, 숲속의 꽃을 볼 수 있을 때, 하느님의 자비에 만족해야 합니다."라고 말했다.
마음의 방향성에 따라 세상이 달리 보일 수 있다는 말이다. 만약, 당신 주위를 둘러싼 세상을 바꾸고 싶다면 우선 당신의 마음가짐부터 바꿔라. 마음가짐이 올바르다면 당신의 세상도 올바를 것이다.

01

당신을 비판할 때 귀를 쫑긋 세워라

1981년 헐리우드에 '골든 라즈베리' 시상식이 생겼다. '아카데미 시상식'과는 상대적으로 최악의 작품, 최악의 감독, 최악의 배우 등에게 주는 상이다. 2005년까지 매회 수상자가 있었지만, '최악'이라는 의미를 지닌 골든 라즈베리 시상식에 참석한 배우나 감독, 스태프는 아무도 없었다.

2005년 2월 26일 아카데미 시상식 하루 전날 밤, 할리우드 중심부의 소극장에서 골든 라즈베리 시상식이 막을 올렸다. 초라한 개막식은 성대한 아카데미 시상식과 극명하게 대비됐다. 사회자가 수상자를 발표했다.

"최악의 여우주연상은 영화 〈캣우먼〉의 할리 베리입니다!"

현장은 웃음바다가 됐고 사회자는 우회적으로 그녀를 조롱했다.

"그녀가 남다른 용기가 있는 게 아니고서야 이 상을 받으러 나올 리가 없겠죠?"

이때 아름다운 드레스를 입은 할리 베리가 천천히 무대로 걸어 나왔다. 그녀는 수상자 자리에 올라 두 손으로 '최악의 여우주연상' 트로피를 받았다.

"아카데미 시상식에서 여우주연상을 받고 여기서 '최악의 여우주연상'을 받게 될 거라곤 꿈에도 상상을 못 했어요. 오지 말까 고민도 했었지만 어릴 때 어머니께서 들려준 '좋은 패자가 될 수 없다면 좋은 승자도 될 수 없다.'라는 말씀이 생각났거든요. 그래서 왔습니다! 인생에서 가장 소중한 재산을 주신 심사위원을 비롯해 이 자리에 있는 모든 분께 감사합니다. 이 영광을 평생 잊지 않을게요."

수상소감이 끝나자마자 우레 같은 박수갈채가 쏟아졌다. 분명한 인생철학을 가진 용기 있는 할리 베리에게 보내는 응원이었다.

다른 사람에게 비판받는 걸 좋아하는 사람은 없다. 비판하는 사람과 마주 대하고 싶은 사람도 없다. 특히 자신감이 부족하고, 비판받는 일에 민감한 사람들은 어떠한 방법을 써서라도 피하려고 한다. 비판 자체를 받아들이기 어렵고, 비판을 수용하면 그것을 인정하는 꼴이어서 자존심이 상하기 때문이다. 그러나 비판받는 두려움을 걷어내고 누군가가 당신을 비판할 때 겸허하게 그 결과를 받아들여 보자. 비판을 수용하고 나면 처음에는 괴로울지라도 나중에는 자신에게 이익이 된다. 당신이 인지하지 못한 결점을 보완할 수 있기 때문이다.

EQ가 높은 사람은 비판받는다고 해서 괴로워하지 않는다. 그들은 다른 사람의 평가에 귀를 기울이고, 종합적으로 분석하고, 적절하게 대응하고 조절할 줄 안다. 비판을 참고만 할 뿐 무조건 따르지도 않는다. 자기인생의 바둑알은 자신이 놓고, 승패와 성패를 자기가 결정한다는 것을 그들은 잘 알고 있기 때문이다.

우리는 살아가면서 각종 비난이나 비평에서 벗어날 수 없다. 특히 행동에 변화가 생겼을 때, 주변 사람들은 평소보다 많은 평가와 관심을 보낸다. 이때 당신은 어떻게 해야 할 것인가? 피할 것인가, 아니면 맞설 것인가? 준비하고 대비책을 마련하라. 도망치는 것은 금물이다.

Harvard Life Counseling

아무것도 이뤄내지 못한 보잘것없는 사람만이 비판을 피할 수 있다.

* 비판을 두려워하지 말되 어떤 것이 불공정한 비판인지 알아야 한다.
* 다른 사람에게 비판받는 것을 두려워하지 마라.
* 새로운 개념을 내놓고, 새로운 방법을 제시할 때, 다른 사람의 비판을 받아들여야 한다.
* 현명한 사람은 자신의 능력을 정확하게 알고 다른 사람의 비판도 태연하게 받아들인다.

하버드대학의 성공에 관한 25가지 교훈 중 비판에 관한 내용이다. 단언하지만 이 세상에 완벽한 사람은 없다. 다른 사람의 의견을 의연하게 받아들이고, 비판을 피하지 말자.

02

실패는 양날의 검이다

순탄하기만 한 인생은 없다. 아무리 재산이 많고, 높은 위치에 있다고 해도 좌절과 실패를 맛본다. 우리의 능력과 의지보다 장애물과 방해 요소가 클 때 실패하는데 이 경험이 나쁘기만 한 것은 아니다. 좌절을 겪으면 그만큼 지혜가 생긴다. 같은 실수를 반복하지 않도록 지혜를 주고, 난관을 극복할 수 있는 용기와 의지력을 높여준다.

유대인의 역사적 비극은 그들이 노벨상을 가장 많이 받은 민족이 되는 밑바탕이 되었다. 민족의 고통을 거울삼아 삶에 대한 투지와 집념을 길렀고, 교육을 통해 민족의식을 고취시키고 삶의 방향성을 바로잡았다.

원래 유대인들은 예루살렘에 터를 잡고 솔로몬의 지도로 찬란한 유대 문명을 탄생시켰다. 이 풍요의 땅은 주변국의 부러움을 샀지만 한

편으로는 유대인들에게 거대한 재앙을 안겨줬다. 예루살렘 부근은 지세가 완만해서 산맥과 같은 천연 방어시스템이 없었다. 취약한 국방력으로 주변국의 침략을 막기엔 역부족이었다. 어쩔 수 없이 유대인들은 노예가 되거나 귀양을 떠나야 했다. 심지어 바빌론에 포로로 끌려가기도 했는데 이것이 바로 '바빌론 유수'다.

이때부터 유대인들은 자신들의 땅을 잃고 떠도는 생활을 시작했다. 갈 곳 없는 민족으로 전락해 에트루리아, 서고트 등 지구곳곳으로 흩어졌다. 제2차 세계대전 기간에는 히틀러의 민족주의 정책으로 유대인들은 잔인하게 학살당하는 아픔을 겪었다. 그러나 그들은 포기하지 않고 민족성으로 완강하게 견뎌냈다.

제2차 세계대전 후, 사방으로 흩어졌던 유대민족은 예루살렘으로 돌아와 새로운 국가를 설립했다. 물론 팔레스타인과의 갈등을 유발하는 계기가 되었고 현재도 진행 중이지만 그들의 투지만큼은 세계인이 인정하고 있다.

실패를 대하는 유대인들의 태도는 우리를 반성하게 한다. 실패를 성공의 거울로 삼은 적이 없기 때문이다. 거울에 비친 실패만 바라보다 의기소침하거나 불평으로 시간을 허비하며 스스로 무너지기 때문이다. 크든 작든 실패의 경험은 우리가 살아가는 데 도움이 된다. 실패를 인정하고 성공의 밑거름으로 삼아야 한다.

"여러분이 실패한 횟수를 배로 늘리면 성공의 길로 갈 수 있습니다."

미국 제너럴일렉트릭GE의 회장이었던 잭 웰치의 말이다. 그의 성공은 무수한 실패로 이루어진 결과라는 고백이다. 물론 실패는 불쾌함, 좌절, 열등감 같은 감정을 안겨주는 '부정적인 자극'이다. 그래서 양날의 검으로 작용할 수 있다.

당신이 성공으로 이끄는 삶을 살기를 원한다면 실패의 원인을 주관적, 객관적으로 정확하게 분석하고, 적합한 해결법을 찾아내라. 그리고 성공에 대한 기대치를 낮춰라. 때로는 객관적 원인이나 불가항력의 요인으로 실패할 때도 있지만, 기대치가 너무 높아서 실패하는 경우도 많다. 기대치를 낮추고 성공의 기쁨을 자주 느껴라. 목표를 실현해 나가면서 자신감을 높이다 보면 열등감은 사라지고 성공의 항로가 보인다.

Harvard Life Counseling

《해리포터》의 작가 조앤 K. 롤링은 "여러분은 살아가면서 어느 정도의 실패를 맛보게 될 것입니다. 실패한 것이 없다면 그 삶 자체가 실패입니다. 제게는 실패를 겪어야만 알 수 있는 많은 것들이 있었습니다."라고 말했다.

03

불공평하기 때문에 도전이 시작된다

개인의 관점에서 보면 세상은 불공평하다. 어떤 환경에서 태어났는지, 어떠한 재능과 소질을 타고났는지, 개인의 조건에 따라 삶이 원망스럽기도 하고 뒤바뀔 수 없는 운명에 억울하기도 하다. 그러나 이런 불공평한 상황에 집중한다면 자기의 삶은 나아질 수 없고 자기인생이 한없이 짐처럼 느껴질 수밖에 없다. 불공평함에 정신이 지배당하지 않도록 인정하자. 그리고 극복해낼 수 있도록 자신의 실력을 키워보자.

1939년, 스탠리 카플란은 우수한 성적으로 뉴욕주립대학을 졸업했다. 이후 의과대학원에 지원했지만 유명 대학 5곳에서 거절당했다. 그는 자서전에서 "그들이 나를 거절한 이유는 내가 유대인이고, 주립대학 출신이라는 점이었다."라고 묘사했다. 그는 의과대학원이 공정한 입학시험을 치러서, 공립대학 졸업자도 사립대학 졸업자보다 부족하지 않다는 걸 증명할 수 있는 기회를 주고 근거를 제시할 수 있도록 도와야 한다고 생각했다. 하지만 그들은 그것을 매우 번잡한 일로 생각해서 그렇게 하지 않았다.

카플란은 그런 불공평을 탓하지도 굴복하지도 않고, 진로를 바꿔 유대인의 유일한 무기인 교육에 온 힘을 쏟았다. 1946년부터 미국 대학 입학 자격시험인 SAT를 완전히 분석하고, 어떻게 하면 단기간에 SAT 점수를 높일 수 있을지 연구했다. 고등교육을 받을 기회가 적었던 그들에게 유일한 돌파구는 시험뿐이었다. 카플란의 지도를 받은 학생들은 뛰어난 성적을 받았고, 많은 유대인이 뛰어난 두뇌와 우수한 성적으로 백인 상류사회 출신이 많은 아이비리그로 비집고 들어갔다. 교육계는 이런 현상에 당혹함을 금치 못하면서 어떻게 해야 '유대인 문제'를 해결할 수 있는지 고민하기 시작했다.

모든 시험 기관은 카플란의 시스템으로 교육받는 건 돈 낭비라는 걸 알리려고 했다. 연방교육위원회는 유대인이 거짓 광고를 하고 있음을 증명하기 위해 카플란 현상을 정식으로 조사했다.

그러나 1979년의 조사 결과는 모든 사람을 놀라게 했다. 카플란의 교육은 학생들의 SAT 성적을 최소 25점 이상이나 높였다. 이 보고는 오히려 카플란의 교육 시스템이 가장 훌륭하다는 전국적인 광고가 되었고, 카플란의 사업은 점점 번창하게 됐다. 카플란이 일으킨 교육혁명은 교육민주화운동이 되었고, 카플란은 현대 미국 교육의 아버지로 불리게 되었다.

인생은 객관식 평가가 아니다. 보기에서 주어진 답을 고르는 상황이 아니라, 각자가 자신에게 주어진 삶을 일구어가는 경로를 서술하는 과정이다. 여기에는 힌트도 없고 지우개를 쓸 수 있는 찬스도 없다. 어쩌면 신이라는 인생의 출제자가 다른 사람에게는 장미꽃을 주고, 당신에게는 가시 있는 가지만 줄지도 모른다. 인생을 이해하고 열렬히 사랑하는 사람은 절대로 장미꽃을 달라고 강요하지 않고, 손에 있는 가지로 장미꽃을 피워낼 것이다. 장미꽃을 피워내는 과정은 괴롭겠지만, 결과적으로 통곡의 눈물을 흘리진 않는다. 그것에서 보람과 즐거움을 찾기 때문이다.

하버드대학 출신의 시인 랄프 왈도 에머슨은 "그저 멍청하게 공평을 요구하는 것은 마음이 좁은 자의 폐단 중 하나입니다."라고 말했다. 문장을 있는 그대로 해석하면 자기 운명의 한계를 이야기하는 것 같아 억울한 마음이 들지만 냉정하게 들여다보면 자기가 타고난 조건을 바꿀 수 없다는 현실은 변하지 않는다.

아무리 사회에 대고 "나는 억울합니다.", "이건 내 의지가 아니었습니다.", "나도 이렇게 태어나고 싶지 않았습니다."라고 호소해봐도 들어주는 이 하나 없다. 자기 안에 분노만 쌓일 뿐이다. 우물 안에 빠진 개구리처럼 자기를 둘러싼 테두리 안에서 벗어날 방법을 강구하지 않고 억울함을 토로하니 누가 그 우물 안을 들여다보며 개구리의 하소연을 들어주겠는가. 누가 개구리가 뛰어오를 발판을 마련해주겠는가. 아무 조건 없이 그런 선의를 베풀자는 없다. 자기 스스로 능력을 길러서 우물을 박차고 나와 공평의 조건을 맞추는 것이 빠르고 현명한 길이다.

우리는 인생에 기권 표를 던질 수 없다. 불평을 멈추고 대항하는 법을 배워서 비범하게 세상을 살아가야 한다.

단언컨대 이 세상에 절대적인 공평이 존재한 적은 없다. 절대적인 공평이 존재한다는 망상은 끊임없는 불평으로 기대 속의 공평을 실현하기 위한 행동이지, 그 자체는 시간과 체력의 낭비일 뿐이다. 이상 속의 공평한 세상을 얻고자 한다면, 선택지는 단 하나다. 불공평함에 적극적으로 대항해 취약한 상황을 벗어나는 것이다.

Harvard Life Counseling

하버드대학 출신의 마이크로소프트 기술고문 빌 게이츠는 "세상은 원래 불공평합니다. 불공평에 익숙해지는 것이 여러분이 유일하게 할 수 있는 일입니다."라고 말했다.

인생의 본질은 불공평이다. 불공평은 발전 단계마다 분포해 있다. 만약에 이러한 현실을 이해하지 못한다면 그저 원망하고 초조해하면서 불공평함 속에서 계속 살아갈 수밖에 없다. 그래도 불공평함만 탓하겠는가?

04

장단점을 가리지 말고 자신을 사랑하라

운영하던 기업이 파산하여 이곳저곳을 떠돌던 사람이 성격 분석 전문가인 스미스 박사를 찾아왔다. 그는 박사에게 "도움받을 수 있다는 희망을 안고 왔습니다."라고 말했다. 절망에 빠져 무의미한 생을 마감하기 직전에 박사가 쓴 책을 읽고 다시 살고 싶은 힘이 생겼다고 했다. 그러면서 이 책의 저자를 만나야만 다시 일어설 힘이 솟을 것 같았다고 덧붙였다.

박사는 파산한 사람이 불행을 얘기할 때, 그의 모습을 머리부터 발끝까지 살펴봤다. 방황하는 시선, 근심 가득한 주름, 며칠 동안 깎지 않아 지저분한 수염과 긴장한 태도가 구제 불능의 사람임을 증명했다. 이야기를 다 들은 박사는 말했다.

"저는 당신을 도울 수 없습니다. 원하신다면 한 사람을 소개해 드리고자 합니다. 아마 그 사람은 당신이 다시 일어서서 멋진 삶을 살 수 있게 도와줄 것입니다."

그는 박사의 손을 잡고 당장 그 사람을 만나고 싶다고 간절하게 말했다. 박사는 남자를 성격 분석실험실 입구에 걸려 있는 전신거울을 바라보게 했다.

"저 사람이 당신을 도와줄 수 있는 유일한 사람입니다. 저 사람을 철저하게 분석해서 모든 장단점을 살펴보세요. 저 사람을 제대로 알기 전에는 세상에 쓸모없는 사람에 불과합니다."

남자는 몇 분 동안 거울에 비친 자신의 모습을 살펴보았다. 그리고 뒤로 몇 발짝 물러나 고개를 숙이고 울기 시작했다. 그가 실험실을 떠난 후 박사는 그의 발걸음이 더는 불안하지 않고 가볍고 힘차게 변했음을 알아차렸다.

며칠 후, 박사는 거리에서 우연히 그 남자를 만났다. 그는 이미 직장을 구하고 새로운 인생을 시작하고 있었다.

열등감은 자신에게 있는 장점과 희망을 발견하지 못하게 막는 부정적인 감정이다. 성공하고 싶다면 당신 내면의 열등감부터 밀어내야 한다. 열등감은 타인과 같아지려 하거나 나아지려고 하는 데서 유발된다. 남과 비교해서 못나고, 못하고, 못해내는 것을 찾아내 스스로 자괴감을 느끼는 것이다. 그러나 생각의 각도를 벌려보자. 인간은 누구나 신체적·심리적·사회적 조건이 다르다.

70억이 넘는 지구 인구에서 당신은 유일한 존재다. 내가 남과 같아야 하는 이유가 없고 70억 명보다 잘나야 하는 이유도 없다. 자기 일에 최선을 다하고 그 안에서 즐거움을 찾으면 된다.

열등감이 있는 자리에 자신감을 채우게 된다면 자신이 가진 단점을 부정하지 않게 되므로 자아를 잃는 법이 없다.

아카데미 여우주연상, 칸 영화제 여우주연상을 받은 이탈리아 여배우 소피아 로렌은 자기를 사랑하고 자신의 단점을 장점으로 변화시키는 데 능숙했다.

소피아는 16살에 처음으로 카메라 테스트를 받으러 갔다. 카메라 감독, 스타일리스트, 메이크업 아티스트는 그녀의 코가 너무 길고, 엉덩이가 너무 크다고 볼멘소리를 했다. 감독은 그녀에게 대중의 미적 기준에 부합하는 모습으로 성형수술을 권했다. 그러나 그녀는 당차게도 감독의 말을 받아들이지 않았다. 오히려 그녀는 자신의 모습을 사랑한다고 말했다. 현장에 있던 사람들은 건방지다고 그녀를 비난했다. 소피아는 이에 굴하지 않고 자신의 외모와 신체에 대한 의견을 덧붙였다.

"코는 확실히 남들보다 튀긴 합니다만 다른 사람들과 똑같이 생길 필요는 없는 것 같아요. 엉덩이도 많이 발달하긴 했지만, 이 역시 저의 한 부분입니다. 저는 있는 그대로의 제 모습을 유지하는 게 가장 아름답다고 생각합니다. 대중들의 사랑을 받으려면, 먼저 자기 자신을 인정해야 하지 않을까요?"

소피아 로렌은 자신감으로 감독을 설득했다. 온몸에서 뿜어져 나오는 자신감은 많은 사람을 매혹시켰고, 그녀는 급속도로 인기를 끌었다. 2000년, 66살이었던 그녀는 '20세기의 가장 아름다운 여인'으로 평가받았다.

자기를 사랑하고 믿는 사람이 성공한다. 하버드대학의 성격 분석 전문가의 말이지만 우리도 익히 아는 내용이다. 자기를 사랑하는 사람은 자신의 장점을 발휘할 수 있는 길을 찾아 탄탄대로를 걷는다. 그러나 성공의 유무를 떠나서 자기가 자신을 사랑하지 않는다면 세상의 그 누구의 사랑도 받을 수 없다. 다른 사람의 인정과 사랑은 당신의 마인드에서 비롯되기 때문이다.

Harvard Life Counseling

하버드대학 심리학자 에머슨은 "나 자신의 생각을 믿는 것, 내가 옳다고 생각하는 것이 누구에게나 옳다고 믿는 것, 이것이 바로 천재성입니다."라고 말했다.

자신을 믿어야 잠재력을 일깨우고, 자신감 있게 성공의 길로 나아갈 수 있다.

05

불평할 시간에 적응력을 키워라

인간의 성장은 적응의 과정이다. 우리는 모체에서 떨어져 나온 순간부터 적응의 여정을 시작한다. 외부환경, 대인관계, 역할변경 등 태어나는 순간부터 시시각각 변하는 주변의 환경에 적응해야 한다. 그런데 변화된 조건에 동화되고 조화되는 것이 생각만큼 쉽지 않다. 추울 때 난방을 하고 더울 때 에어컨을 켜는 것만큼 단순한 적응이 아니어서 숱한 시행착오를 겪고 어느 경우에는 난관에 봉착하기도 한다. 문제는 적응 속도가 너무 느리면 손해를 입거나 돌이킬 수 없는 결과를 초래하기도 한다는 것이다.

"최후까지 살아남는 종은 강한 종도, 가장 지적인 종도 아니다. 바로 변화에 가장 잘 적응하는 종이다."고 찰스 다윈이 말했다. 적응력은 달라지는 환경과 인간관계를 맺는 과정에서 당신의 영향력을 높이는 중요한 작용을 한다. 적응력이 강한 사람은 평온하고, 때때로 겸손하게 자신을 낮추며 개인의 이해득실만을 따지지 않는다. 남들보다 쉽게 성공하고 여유롭고 유쾌하게 살아갈 수 있는 이유다.

어느 절에 노승과 동자승이 살고 있었다. 하루는 동자승이 절 뒤편에 있는 황무지를 가리키며 말했다.

"스님, 헐벗은 땅에 씨앗을 뿌리는 게 어떻겠습니까?"

노승은 좋은 의견이라며 동의했다.

씨앗을 뿌리는데 바람이 불어와 씨앗이 사방으로 날렸다. 동자승은 씨앗들이 바람에 날려가는 모습에 당황했고 바람이 부는 것을 탓했다. 노승은 담담하게 동자승에게 말했다.

"괜찮다. 바람에 날려간 씨앗의 절반은 빈 것이라 어차피 싹을 틔우지 못했을 것이다. 날아가도록 내버려두어라."

이에 동자승은 씨앗 뿌리는 일을 계속했다. 씨앗을 다 뿌리고 나니 이번에는 참새가 무리를 지어 날아왔다.

"스님, 큰일입니다! 참새들이 씨앗을 다 먹어버리면 어떡하죠?"

이때 역시 노승은 동자승을 위로하며 말했다.

"씨앗이 많아서 다 먹지 못할 것이니 내버려두어라."

그날 밤, 갑자기 폭우가 내렸다. 다음 날 동자승이 선방으로 달려 들어와 소리쳤다.

"스님, 큰일 났어요! 씨앗이 비에 다 떠내려갔습니다. 지금까지 헛수고했다고요!"

노승은 평온했다.

"그게 무슨 상관이냐? 씨앗이 어디서 싹을 틔우든 인연인 것을."

그로부터 일주일 후, 황량했던 초원에 새파란 싹이 돋아났다! 씨앗을 뿌리지 않았던 곳에도 푸른빛이 솟아올랐다. 동자승은 기뻐서 어쩔 줄을 몰랐다.

"이렇게 많은 싹이 돋아나다니, 참으로 놀라운 일입니다!"

이야기 속의 노승은 새로운 상황과 변화를 이성적으로 생각하고 긍정적으로 바라보는 강한 적응력을 가진 사람이다. 상황이 흘러가는 대로 적응하고, 침착하며 마음이 너그럽게 마음을 쓴다. 반면 동자승은 경솔하고, 부정적이고, 이해득실만 따진다. 이런 사람들은 새로운 상황에 쉽게 놀라고 당황하여 어찌할 바를 모르게 된다. 주위의 변화에 지나치게 민감하고 예민해서 작은 동정에도 마음의 강에 거대한 물결이 인다. 사람이나 사건을 대하는 태도가 평온하지 못하고, 직업을 선택하거나 대인관계에 문제를 일으키기도 한다. 의연하게 대처해야 한다. 일어난 상황에 대해 일희일비하기보다 적응력을 키우는 것이 좋다.

적응력은 급변하는 사회를 살아가는데 필수요소이기도 하다. 사람을 성숙하게 하고 상호작용을 이끌어 자율적이고 능동적으로 상황을 바꾸거나 자신이 처해 있는 상황을 융합한다. 업무나 인간관계, 어렵거나 쉬운 조건을 가리지 않으며 대처하는 것이다. 매사를 적극적이고 긍정적으로 바라보는 시선이 바탕이 되어야 가능한 일이다.

반면, 적응력이 상대적으로 약한 사람은 과거의 생활에 갇히거나 현재 상태에 의구심을 갖는다. 미래를 불안하게 생각하기 때문에 마음의 평온함을 유지하기 힘든 것이다. 매사에 소심해지고 의기소침해질 수밖에 없다. 주위에 있는 사람들도 하나둘 떠날 것이다. 이렇게 되면 자기 스스로 사람들의 인정과 신뢰를 걷어차버리는 꼴이 되고 만다.

적응은 인생의 한 과정이자 성장의 과정이다. 우리는 적응하고 고비와 난관을 뛰어넘을 때마다 성과를 얻고 성장한다. 역할이 바뀌는 걸 침착하고 여유롭게 받아들이고, 환경의 변화에 스스로 적응하도록 노력해야 한다. 눈앞의 이익에 교만하거나 초조해하지 않으면, 예기치 않은 상황과 미래에도 잘 적응하고 만족할 수 있다.

Harvard Life Counseling

하버드대학 심리학 교수 탈 벤 샤하르는 "성공한 사람들의 특징 중 하나가 바로 적응력이다."라고 말했다.

적응력이 강한 사람은 운명을 평화롭게 받아들이고 불만과 원망을 하지 않는다.

06

자신을 낮추고 신임을 얻어라

우리는 경쟁 시대를 살아가고 있다. 하버드대학의 교수들은 "일을 할 때 다른 사람보다 뒤처지지 말고, 자신이 다른 사람보다 못 하다는 걸 보여주지 마라."라고 말한다. 그렇다고 절대 지지 말고 매번 다른 사람과 비교하라는 말이 아니다. 잘난 체하고 똑똑함을 드러내는 것은 감정적으로 대응하고 있다는 걸 의미하고, 이는 결코 자신에게 좋지 않은 결과를 불러온다.

적절하게 약한 면모를 보여주는 건 생존 지혜이자 성공수단이다. 당신이 강자라면 적당하게 약한 모습을 보여준다고 해서 당장 약자로 떨어지지 않는다. 오히려 다른 사람의 존경과 경의를 받을 수 있다. 또한 상대가 당신에게 친근하게 다가올 수 있는 친절을 베푸는 것이다.

중국의 작가 선총원은 글을 잘 썼지만 강의가 너무 재미없고 평범했다. 자신도 이 점을 잘 알고 있어서 수업을 시작할 때마다 학생들에게 "내 강의는 재미없습니다. 그래서 자는 건 뭐라 하지 않습니다. 다만 다른 사람에게 영향을 줄 수 있으니 코는 골지 마세요."라고 말했다. 강의가 지루하다는 '약점'을 직접 드러냈기 때문에 조는 사람이 거의 없을 정도로 학생들은 열심히 수업에 임했다. 지위가 아무리 높아도 어느 부분에서 부족함은 있게 마련이다. 자신의 약점을 보여주면 다른 사람의 이해와 포용을 얻는다. 반면에 자신을 과대평가하고 약점을 감추려 하면 오히려 다른 사람의 반감을 산다. 가끔 약점을 드러내는 것은 훌륭한 생존의 지혜다.

미국 켄터키 주의 한 벽돌 공장 사장은 생산량을 늘리기 위해 인부를 모집했다. 한 달 안에 벽돌 만 장을 굽는 임무를 완성하는 사람은 정식직원으로 인정하고, 개수에 따라 임금과 보너스를 책정하겠다고 했다. 이때 딕이라는 청년이 3일 동안 일하면서 매일 벽돌 500장을 구워냈다. 사장은 다른 인부들에게 그를 칭찬하면서 이대로라면 다음 달에 정식직원이 될 수 있을 거라고 추켜세웠다. 딕은 의기양양하게 말했다.

"사장님, 내일부터는 지금보다 매일 200장씩 더 만들 수 있으니 임금과 보너스나 더 줄 준비를 해두세요!"

그렇게 말한 딕은 기분좋게 식당으로 밥을 먹으러 갔다. 그런데 뜻밖에도 식당 바닥에 딕의 그릇과 수저가 나뒹굴고 있었다. 누군가에게 미움을 살 수 있을 거라는 생각을 하지 못한 딕은 영문을 몰라 몹시 분노했다. 그러다 불현듯 자신의 말과 행동이 동료들의 불만을 샀을 거라는 생각이 들었다.

다음 날, 딕은 벽돌 만드는 수량을 동료들과 비슷하게 맞추려고 일부러 작업 속도를 늦추며 말했다.

"사장님, 처음에는 하루에 5~600장씩 벽돌을 만드는 게 식은 죽 먹기처럼 쉬울 거라고 생각했어요. 그런데 며칠 일하고 나니 피곤해서 견딜 수가 없습니다. 생각해보세요. 힘들게 일해서 한 달 동안 9천 장 넘게 만들었지만, 만 장을 채우지 못해 정식직원이 될 수 없다는 건 조금 불합리하다고 생각합니다."

딕의 말을 듣고 난 사장은 기준을 낮추고 더 많은 사람에게 정식직원이 될 기회를 부여했다. 그 외에도 딕은 동료들에게 업무 효율을 높일 방법을 전수하면서 모두가 목표량 이상으로 임무를 완성할 수 있게 돕는 등 친해지기 위해 노력했다. 그러자 동료들도 딕을 다시 보게 되었고 무슨 일이 생기면 우선 그에게 의견을 구했다.

많은 사람이 새로운 업무 환경에 들어가면, 최대한 빨리 다른 사람의 인정을 받기 위해 자신의 재능과 실력을 보여주기에 급급해한다. 그런데 자칫 바라는 바와 달리 정반대의 결과를 얻는 경우도 있다. **자기중심적이고 자기가 최고라고 여기는 태도는 자신과 새로운 동료 사이에 좁힐 수 없는 간격을 만들어버린다.** 동료들 사이에서 교만한 사람으로 낙인찍히게 되는 것이다. 그러니 적당하게 약함을 보여주고, 자신을 낮추는 태도로 좋은 이미지를 형성하고, 모두의 호감과 신임을 얻는 방법을 취하는 게 좋다.

물론 약함을 보여주는 데도 적정선이 있다. 습관적으로 혹은 자주 약한 모습을 보여주면 다른 사람들은 당신을 별 볼 일 없는 사람이라고 무시할 수 있다. 매사에 뛰어나진 않지만, 어느 정도의 재능을 보여줘야 당신을 가치 있는 사람이라고 여긴다. 당신은 이 지점에서 대체 어디에 맞춰야 하느냐고 반문할 수 있다. 딱히 정답은 없다. 그때그때 사람들의 반응에 따라 대처하면 된다.

Harvard Life Counseling

겸손하게 자기를 낮추고, 적절하게 약함을 보여주는 것은 생존 지혜이자 성공을 쟁취하는 수단이다. 잘남을 뽐내거나 자만하지 말고 유연하고 친화력 있는 '강자'가 되자. 일단 약자의 태도로 일을 처리하면, 다른 사람들은 당신을 겸손하고 신중한 사람이라고 생각하고 친해지려고 다가올 것이다. 약한 모습을 보여주는 것으로 강자는 더욱 강해질 수 있고, 약자는 심리적 균형을 맞출 수 있다.

Part 3

THINKING

생각의 틀을 깨라

THINKING

H A R V A R D

L I F E

C O U N S E L I N G

"여러분이 하버드대학에 온 건 사고하기 때문이고, 사고하는 법을 배우기 위해서입니다."

창의력과 독립적 사고를 중요하게 생각하는 하버드대학의 가르침이다. 사고는 인간이 태어날 때부터 가진 선천적 능력이다. 사고는 사람을 성장시키고 성숙하게 만든다. 사고를 통해 깨달음을 바르고 현명하게 판단하고 살아갈 수 있다.

01

창의력을 제한하는 고정관념의 족쇄를 풀어라

학습을 방해하는 가장 큰 요소는 우리가 '이미 알고 있는 것'이라고 프랑스의 생리학자 클로드 베르나르가 지적했다. 고정화된 사고 패턴은 문제를 쉽게 해결할 수 있게 하고 시간을 많이 절약해준다. 하지만 새로운 방법 구상과 지식 흡수를 막는 '사고의 족쇄'로 전락해버릴 수 있다.

새로운 사물이 등장했을 때, 과감하게 탐구하며 틀에 박힌 고정관념을 타파하는 사람이 있다. 반면 익숙지 않다는 이유로 외면하며 주저하고 두려워하는 사람도 있다. 호기심을 가지고 용감하게 돌파하고 도전하는 것은 성장과 성숙을 상징한다. 틀에 박힌 고정관념을 타파하는 과정에서 새로운 사물을 체험하고 여러 가지 지식을 배워 값진 인생 경력을 쌓을 수 있기 때문이다.

미국 북부에 며칠간 내린 폭설로 고압전선이 차단돼 지역마다 손해가 막심했다. 아메리칸 일렉트릭 파워AEP는 긴급회의를 소집해 각 전문 분야 기술자들이 실행 가능성이 큰 제설 방안을 찾기로 했다. 토론에서 여러 가지 방안들이 제시됐지만 모두 실행 가능성이 낮았다. 중간 휴식시간에 한 기술자가 농담을 던졌다.

"헬기에 빗자루를 달고 눈을 치우면 어떨까요?"

이 한 마디의 단순한 농담에 사람들은 개선할 여지를 찾았다. 그렇게 토론 끝에 간단하면서도 효율이 높은 제설방법이 탄생했다. 헬기가 날 때 일어나는 기류로 쌓인 눈을 깔끔하게 제거하는 방법이었다. 의문을 제기하는 사람도 있었지만, 현장 검증을 통해 제설 효과가 입증되면서 오랜 시간 풀리지 않던 난제가 드디어 해결됐다.

치열한 경쟁 사회에서 성공하고 싶다면, 반드시 창의적인 사고로 학습하고, 기존 학습의 장점에서 새로운 지식과 새로운 방법을 끊임없이 찾아야 한다. 오늘날 사람들의 생존환경은 크게 변했다. 변수가 가득한 미래에는 대담하게 탐구하고, 틀에 박힌 고정관념을 과감하게 타파해야만 기적을 만들어낼 수 있다.

어항을 팔아 생계를 유지하는 로빈슨이 차에 어항을 가득 싣고 어느 작은 마을에 갔다. 그런데 그 마을에는 물고기를 키우는 사람이 단 한 명도 없었다. 어항을 하나도 팔지 못한 로빈슨에게 마을 사람들은 다른 마을로 가라고 권유했다.

그 말을 들은 로빈슨은 빙긋이 웃음 짓더니 어시장으로 가서 금붕어 500마리를 사와 마을 앞 개울에 풀어놓았다. 헤엄치는 예쁜 금붕어를 본 마을 사람들은 너도나도 개울에 들어가 금붕어를 잡기 시작했다. 금붕어를 잡은 사람들은 금붕어를 키우겠다며 로빈슨에게서 어항을 사가기 시작했다. 그리고 금붕어를 잡지 못한 사람들도 금붕어를 잡을 거라 생각하고 미리 준비해두겠다며 로빈슨에게서 어항을 사갔다. 어항은 순식간에 동이 났다. 생각을 달리한 덕분에 로빈슨은 적은 돈을 들여 큰 수익을 얻은 것이다.

고정관념에서 벗어나면 문제를 해결하는 방법이 여러 가지라는 것을 알게 되고, 그 안에서 가장 좋은 방법을 선택해 더욱 효과적으로 문제를 해결할 수 있다. 융통성 없이 한 가지 방법만 고수하면 틀림없이 벽에 부딪히고 만다. 고정관념은 창의력을 제한하는 족쇄다. 고정관념에서 벗어나면 성공의 대문을 열 수 있고, 벗어나지 못하면 영원히 성공의 곁을 맴돌기만 할 것이다.

Harvard Life Counseling

하버드대학 경영대학원 명예교수 존 코터는 "미지의 영역에 선전포고하면 두뇌 지능이 높아집니다."라고 말했다.

끊임없는 변화 속에서 틀에 박힌 고정관념을 타파할 용기가 있는 사람이 똑똑한 사람이다. 그들은 기존에 고수하던 마음가짐을 바꿔 자신에게 도전하고 새로운 개념을 정립하고, 내면을 보완하여 새로운 자기를 만들어낸다. 사회가 발전하면 개인도 발전해야 한다. 시대의 변화에 따라 끊임없이 발전하는 사회에서 틀에 박힌 관습을 타파하고 새것을 창조하면 더 높은 단계의 성공을 이룰 수 있다.

02

두려워하지 말고 삶이 주는 스릴을 즐겨라

"군대를 선택했다면 희생을 두려워하지 말고, 하늘을 선택했다면 바람의 온화함과 햇볕을 갈망하지 마라."

미국 육군사관학교에 내려오는 격언이다. 자신이 선택한 모험을 위협하는 요소와 실패할 가능성에 대해 각오하라는 의미다. 누구든지 도전할 때는 '천국'과 '지옥'의 갈림길에 서게 된다. 위험과 맞서 싸워서 이기면 천국으로 갈 수 있고, 위험에 지면 지옥을 피하기 어렵다. 그렇지만 실패할 가능성에 대한 두려움으로 인생의 모험을 접는다면 삶의 진정한 가치를 알 수 있는 기회를 잃게 된다.

1984년, 36살의 베르나르 아르노는 당시 몰락하기 직전의 패션 브랜드 디올Dior을 매수했다. 경영권을 인수한 아르노는 기존의 수석 디자이너를 해고하고 무명의 영국인에게 제품의 디자인을 맡게 했다. 이번에는 가족들조차도 아르노를 질책했다.

"디올은 예전에는 화려했지만 지금은 지는 해입니다. 그런데 가족 기업까지 저당잡히고, 디올에 투자하다니 아르노는 멍청한 게 아니라면 미쳤습니다."

아르노는 대규모 인사조정을 실시한 후 디올의 인수 배경을 설명했다.

"많은 사람이 아무 소용없는 모험이라며 디올 매수를 비난한 건 경영부실로 인한 판매 부진만 보고, 다년간 다져온 디올 브랜드의 상업적 가치를 보지 못했기 때문입니다. 사람들은 가만히 서서 구경하는 것에만 익숙해서 현재의 모습만을 신경 씁니다. 그러나 나는 누워서 과거와 미래에 대해 분석하는 것을 좋아합니다."

이후 아르노는 자신의 의지대로 사업을 펼쳐 브랜드 이미지를 높였고, 디올은 다시 세계 정상급 명품 브랜드로의 입지를 회복하게 됐다. 이후 26년 동안 아르노는 연속해서 '모험'을 했고 쇠락의 길을 걷던 루이비통, 지방시 등의 명품 브랜드까지 매수해 큰 성공을 거두며 패션계 최고의 지도자가 되었다.

사람은 위험이 클수록 당황스러움에서 벗어나지 못하고 스스로 붕괴된다. 알아두어야 할 것은 당신이 모험과 난관에 부딪히기를 두려워하는 순간, 성공은 이미 당신을 떠난다는 사실이다.

성공한 사람들에게는 특징이 있다. 모험할 용기, 위험을 무릅쓰는 과감함을 창과 방패로 가지고 있다는 것이다. 위험이 두렵지만, 위험을 바라보는 시각을 바꾸고 위험을 무릅쓰기로 결정하면 물러서지 않는다.

"끊임없이 자기 자신을 세상에 드러내고, 능력을 키우고, 새로운 모험에 도전해야 꿈을 현실로 바꿀 수 있습니다. 그렇기에 반드시 위험을 감수할 거예요."

어느 작가의 말이다. 인생 모험을 할 용기가 없는 사람에게는 위험이 스쳐 지나갈 때 성공도 같이 스쳐 지나간다. 희생을 두려워하는 사람은 모험 자체를 거부하기에 그 인생은 언제나 실패다.

한 철학가는 "가장 가치 있는 삶은 때때로 들어가기 어려운 지대에 있습니다."라고 말했다. 그 사람의 패기는 배수진을 치고 싸우거나 용감하게 새로운 길을 개척할 수 있는가에 따라 진가가 드러난다. 성공하기 위해 모험은 필수적이다. 모험은 복불복이나 도박이 아니다. 당신이 위험을 무릅쓴 결과로 얻을 수 있는 삶의 가치가 담긴 한계 극복이다. 이 책을 읽고 있는 당신은 이미 모험할 준비가 돼 있다. 당신을 응원한다. 끝까지!

Harvard Life Counseling

하버드대학 출신 미국 제2대 대통령 존 애덤스는 "위험이 없으면 좋은 기회는 없고, 좋은 기회가 없으면 성공을 쟁취하기는 매우 어렵다."라고 말했다.

이 세상에 해결할 수 없는 문제는 없다. 머리를 굴리고, 모험할 용기가 있다면 모든 문제는 순리적으로 해결될 것이다. 인생은 격투기장이자 모험의 연속이다. 모험이 없으면 성장할 수 없다. 과감하게 모험하고 자신의 능력을 믿으면, 어떤 일에 도전할 것인지, 어떤 일에서 이익을 보고 의미를 찾을 것인지 이성적으로 판단할 수 있다. 모험을 성공적으로 즐기기 위해 우리는 평소에 자신의 능력을 끊임없이 단련해야 한다.

03

당신도 모르는 잠재력이 썩고 있다

벼락부자가 된 어느 인디언이 아주 비싼 리무진을 샀다. 그는 모든 사람이 자신의 모습을 봐주기를 바랐다. 그런데 차를 타고 마을을 돌아다니며 모든 사람과 인사를 나누는 그를 사람들은 이상하게 바라봤다. 말 두 마리가 이 멋진 리무진을 끌고 있었기 때문이다.

리무진에 문제가 있을지도 모른다고 생각하겠지만 사실 이 인디언은 열쇠를 넣고 시동 거는 법을 몰랐다. 리무진의 엔진에는 말 백 마리 이상의 에너지가 있는데, 인디언은 말 두 마리로 차를 움직이고 있었던 것이다. 우습지 않은가? 우리도 적극적으로 자신의 잠재력을 일깨우지 않으면, 아마도 인디언과 같은 비슷한 실수를 범하게 될지도 모른다.

당신에게는 이미 측정할 수 없을 정도의 많은 가능성과 무한한 잠재력이 함축돼 있다. 당신을 둘러싼 포위망을 뚫을 수 있는 힘이다. 자신이 설정한 한계를 뛰어넘으면, 어려움을 극복하고 당신이 원하는 성취감을 맛볼 수 있다.

많은 사람이 연주해보지도 않은 자신의 기막힌 악보들을 가지고 무덤에 묻힌다. 안타깝게도 그 악보는 자신의 삶을 변화시킬 수 있는 특별하고 월등한 영향력의 선율이었다면 얼마나 애석한 일일까? 이것을 안다면 우리는 지금 당장 도전해야 한다. 자신의 능력을 믿고, 자신이 가진 자원을 현명하게 이용할 방법을 찾고 만족과 즐거움, 명예를 누려야 하는 것이다.

성공하지 못할 것이라고 믿는 사람은 성공을 따라잡지 못해서가 아니라 미리 '성공의 한계'를 정해두었기 때문에 성공하지 못한다. 최대의 성공에 현기증을 느끼고 자기의 힘으로는 절대 불가능하다고 암시하고 자포자기하는 것이다.

경험과 지식은 개인의 자산이자 성공에 이르는 초석이지만, 보이지 않는 장애 요소로 변한다. 자신도 모르게 현실에 안주하게 하고, 스스로 한계를 정하는 '심리 장애'를 만들어내기 때문이다. 이 심리 장애는 우리의 앞을 가리고 목표를 더 높고, 더 멀리 있는 것처럼 느끼게 만들어 당신의 잠재력을 제약해버린다.

스스로 한계를 설정하는 사람은 누에처럼 실로 자신을 휘감아버리는 것과 같다. 매번 실패할 일을 생각하기 때문에 실을 끊어낼 방법을 찾지 못하고 기존의 틀 안에서 뱅글뱅글 돌며 자신을 옭아맨다. 예를 들어 수입이 적음을 걱정하는 사람이 있다. 그는 매일 '나는 돈이 없어, 어떡하지?'라든가, '돈이 너무 부족해.'라고 생각한다. 그는 무엇을 하든지 '돈이 없기 때문에.'라는 핑계로 운명으로 정해버린다. 시도하지 않는데 무엇을 할 수 있다는 말인가.

결과를 기대하는 마음가짐이 생각의 깊이와 일 처리 능력을 결정하고, 승패를 결정한다. 자신의 한계를 뛰어넘고 싶다면 반드시 생각에서부터 한계를 뛰어넘어야 한다.

스스로 정한 한계를 깨뜨리면 모든 것을 바꿀 수 있다. 자기를 믿고 기존의 경험에서 벗어나기 위해 노력하라. 꿈을 되찾고 성공하고자 하는 욕망에 불을 붙이면 스스로 쳐놓고 가둬놓은 울타리에서 빠져나갈 기회를 얻는다.

Harvard Life Counseling

하버드대학 심리학 교수 앨리스는 "모든 사람이 자신 혹은 다른 사람에 대해 불합리한 가설을 설정합니다. 이 가설로 인해 스스로 한계를 정하고 자율적으로 자신을 사고의 벽에 가둡니다."라고 말했다.

발전하고 싶다면, 스스로 설정한 한계를 지워야 한다. 무한한 잠재력을 믿고 성공에 대한 합리적인 확신을 갖자.

04

당신이 아는 진리를 의심하고
권위에 속지 말자

"플라톤을 친구로 삼아라. 아리스토텔레스를 친구로 삼아라. 그러나 이보다 더 중요한 것은 진리를 친구로 삼는 것이다."

이 말은 하버드대학에서 가르치는 학문의 본질이다. '서슴지 않고 질문'을 해 참된 지식을 얻기 위한 전제이며, 호기심과 의심하는 태도로 문제에 접근한다. 문제의 존재를 의식하는 것은 독립적 사고의 출발점이다. '아무 문제없어'라는 생각은 학문이나 견해가 부실함을 의미한다. '왜', '무엇을', '어떻게'라고 질문해야 주체적으로 깊이 사고할 수 있다.

학력이 낮고 기술도 없는 한 청년이 미국의 한 대형 석유 회사의 경비원으로 취업해 근무를 시작했다. 매일 석유 탱크의 덮개가 잘 덮여 있는지 살피고 확인하는 게 청년이 하는 일이었다. 석유 탱크 덮개는 자동 조립공정으로 제작되었다. 컨베이어 벨트에 실려 용접대로 이동하고, 용접기가 용접재료를 자동으로 39번 떨어뜨리면 석유 탱크 덮개가 완성되었다. 청년은 왜 매번 용접재료를 39번을 떨어뜨려야 하는지 궁금했다. 하지만 베테랑 기사에게 물어도 왜 그런지 시원하게 답해주지 못했다.

청년은 어떻게 하면 용접재료를 떨어뜨리는 양을 줄일 수 있을지 연구하기 시작했다. 동료들은 그런 그를 비웃었다. 용접재료를 39번 떨어뜨리는 건 권위 있는 전문가의 연구결과였기 때문이었다. 오랜 연구 끝에 청년은 '38번'만 떨어뜨려도 되는 용접기를 만들어냈고, 회사는 매년 5억 달러를 절약할 수 있게 되었다.

회사는 거액을 투자해 청년의 연구 성과를 사들였다. 청년은 이 자금으로 창업을 시작했고, 훗날 미국 석유시장의 95%를 장악한 대기업가가 되었다. 그는 바로 존 데이비슨 록펠러다.

많은 사람들이 권위자의 의견을 신뢰하는 것은 사고에 안정감을 주기 때문이다. 소위 전문가인 그들이 제시하는 것들이기 때문에 당연히 완벽하며 오류가 없을 것이라고 믿는 것이다. 그들의 권위를 인정하는 것만큼이나 신뢰수준이 높아진다. 여기에 의문을 제기하거나 검증하는 것, 반론을 제기하는 것 자체를 권위에 대한 도전이라고 생각하기도 한다. 더구나 이의를 제기하는 사람이 일반적 지식을 가진 평범한 사람일 경우 오히려 이상한 사람이 되거나 웃음거리로 전락되기도 한다.

대부분 권위를 맹신하지만 권위는 진리가 아니다. 너무 쉽게 권위를 믿는 나머지 과감하게 자신의 관점을 견지하지 못하고 맹목적으로 권위를 따라하다 발전의 한계에 부딪히는 경우가 많다. 그래서 새로운 발명, 새로운 해석이 뒤로 미뤄진다. **권위를 믿기보다 자신을 믿어야 기존의 한계를 타파하고 자신만의 길을 걸어갈 수 있다.**

권위 있는 문제에 의심이 생겼을 때, 인터넷부터 찾지 말고 책에서 답을 찾아라. 고정관념의 개입을 완전히 차단하고 당신만의 독립적인 사고를 하는 길이다. 여러 자료들을 비교해 볼 수 있으며 객관적인 정리가 가능하고 오류에 대한 근거를 분명하게 제시할 수 있게 된다. 한쪽에 치우친 견해를 가진 매체와 접촉하는 시간과 체력을 줄이면 사고의 독립성을 최대한 유지할 수 있다.

늘 대중적인 고정관념으로 기존의 것을 바꾸려 하지 말고, 주체적으로 자신의 관점과 다른 경험을 찾아보라. 그것들은 타국문화, 비주류의 하위문화에 존재하거나 대중이 인정하지 않았던 이름 없는 저자의 도서에 있을 수도 있다. 이러한 방식의 지식 접근은 기존의 궤도에서 벗어나 새로운 사고방식을 하기 시작했다는 사실을 깨닫게 한다. 다른 각도에서 문제를 보는 자유를 얻은 것이다.

새로운 방법을 구상할 때는 비슷한 장소와 비슷한 사람에게서 벗어나 새로운 경험을 추구하는 과정 속으로 뛰어들어야 한다. 자신이 생각해낸 방법이 독립적이고 체계적이길 바란다면, 습관적 테두리에서 벗어나 무작위 방식으로 생활해보자는 것이다.

본능적인 질의능력을 키워서 습관적인 견해에 의문을 제기하는 것을 즐겨보자. 그러려면 냉소주의자가 되지 않도록 주의해야 한다. '진리'는 증명할 수 없다는 관점을 버리고 자신의 이론으로 실천해

본 후 합리적인 질의를 제기하는 것, 이것이 정확한 질의방법이자 검증방법이다. 당신이 알고 있고 진리라고 믿고 있는 모든 지식과 의견은 이전에 누군가가 여러 차례 현실 논증을 거치고 인정받았다는 사실을 기억하자. 이제 당신 차례다.

Harvard Life Counseling

하버드대학 사회심리학자 베비스 브랜던은 "진리를 밝히기 위해 그에 상응하는 대가를 치러야 하지만, 진리는 실천의 증명으로 모든 것을 이길 것입니다."라고 말했다.

권위를 맹목적으로 믿지 마라. 억지로 생트집을 잡거나, 근거도 없이 의문을 제기해서도 안 된다. 있는 그대로의 상황에서 사물의 내재적 관계와 발전법칙을 객관적으로 인식하고, 사물의 존재를 이해하라. 사실을 토대로 그 합리성을 연구하고 자기 생각과 견해를 개입하는 것, 이것이야말로 참된 지식을 얻는 훌륭한 방법이다.

05

새로운 생각으로 당신의 머리를 자극하라

하버드대학 경영대학원 테오도르 레빗 교수는 과감하게 창의적인 사고를 활용하는지가 성공의 결정적인 요인이라고 했다. 성공하지 못한 사람은 독립적인 사고가 없고 다른 사람을 뛰어넘는 관점과 창의력이 없어서가 아니다. 남달라질 용기가 없고, 괜히 나섰다가 실패하는 결과를 두려워하기 때문이라는 것이다. 현재 상태에 안주하고, 안정된 상태로 머물려고 하는 것이 문제다.

1860년 6월 30일 새벽, 영국 옥스퍼드대학의 가로수길에 수많은 마차가 박물관을 향해 달리고 있었다. 검은 옷을 입은 교회 관계자, 학자, 대학생, 신문잡지 기자들도 각자 강연장의 계단을 올랐다. 얼마 지나지 않아 회의장 전체가 사람들로 가득 찼고, 늦게 온 사람들은 문밖의 정원이나 잔디밭에 서 있을 정도였다. 단상에는 윌리엄 윌

버포스 대주교와 헉슬리를 대표로 한 몇 명의 학자들이 동식물 및 인류의 기원에 관해 격렬한 논쟁을 벌이고 있었다. 이번 논쟁은 막 출판된 《종의 기원》이라는 책 때문이었다. 책에서는 교회가 지금까지 사람들에게 주장했던 '천지창조', '자연계는 고정불변'이라는 학설을 부정하고 있었다. 자연계의 모든 동식물은 장기간의 생존 경쟁과 자연 선택의 결과라고 주장했고, 인간은 하나님이 창조한 것이 아닌 유인원과 공통된 조상에서 기원한 것이라고 주장한 것이다. 신학을 부정하고 하나님을 부정하는 책으로 사람들을 경악하게 한 사람은 바로 영국의 생물학자 찰스 다윈이었다.

다윈은 혁신적인 용기로 《종의 기원》을 출판해 후세의 존경을 받았다. 사실 헉슬리도 종의 기원 이론을 발견했지만 출판하지는 않았다. 당시 사람들의 사상은 신학과 하나님에게 국한되어 있었기 때문에 헉슬리는 이를 깰 용기가 부족했고, 종의 이론을 주장한 사람은 헉슬리가 아닌 다윈이 되었다.

옥스퍼드대학 생물학과를 졸업한 찰스 엘턴은 북극에서 동물생태를 조사하던 중 북극여우가 4년에 한 번 개체수가 늘어나는 절정기가 된다는 사실을 발견했다. 이누이트족은 "북극여우가 많이 나타나는 때도 있고, 적게 나타나는 때도 있습니다. 예전부터 그래왔으니 전혀 이상할 게 없습니다."라고 답변했다.

엘턴은 북극여우의 수는 그들의 먹이와 연관이 있다는 사실과 주요 먹이가 레밍이라는 사실을 알아냈다. 레밍은 매우 특이한 점이 있었는데 어떤 기간에는 수만 마리, 심지어 수백만 마리가 함께 언덕을 넘는 대규모 이동을 했다. 번식력이 빠른 레밍의 수가 일정한 한계에 도달하면 심각한 먹이 부족 사태가 발생하고, 굶주림에 지친 레밍들이 대규모 이동을 감행했다. 이때 레밍을 먹고 사는 북극여우에게 풍족한 먹이가 제공되니 자연히 북극여우의 숫자가 늘어났던 것이다.

1924년 엘턴은 이 연구 성과를 기초로 동물계 먹이사슬이라는 유명한 이론을 발표했다. 이후 1927년 동물생태학을 처음으로 체계를 정립하고 전 세계적으로 유명한 생태학자가 되었다. '의례적인 현상'에 의구심을 제기하고, 연구해서 하나의 학문을 개설하는 성공을 얻어낸 것이다.

퓰리처상을 네 번 수상한 로버트 프로스트는 "혁신적이지 않으면 곧 멸망이다."라는 말을 했다. 치열한 경쟁시대에 지식과 과학기술은 빠른 속도로 새로워지고 교체되고 있다. 이러한 때에 사고하지 않는 것은 뒤로 퇴보하는 것이다.

Harvard Life Counseling

하버드대학 제24대 총장 나단 푸시는 "창의력은 일류와 삼류를 나누는 분수령입니다."라고 말했다.

최고의 인재가 되려면 적극적으로 자신의 창의력을 개척해야 한다. 생각의 문을 열고, 시야를 확장하라. 지식의 축적량을 늘리고, 끊임없이 실험하고 검증해야 시대의 흐름에 뒤처지지 않고 앞으로 나아갈 수 있다.

06

실수를 인정하고 신뢰를 얻어라

우리는 아주 사소한 실수로 막대한 손해를 입을 수 있다. 최대한 실수하지 않으려고 노력하는 게 실패의 구렁텅이에 빠지지 않는 방법이다. 그러나 하버드대학 의학전문가 로버트 윌슨은 "실수를 할지언정 실수로 자기를 잃어버리는 건 좋지 않습니다. 같은 실수를 반복하다 보면 성공은 점점 가까워집니다."라고 말했다. 실수에는 교훈이 내포돼 있다. 잘못을 알고 바로잡는 사람은 실수에서 배우고 성장한다. 방법이 틀렸는데도 잘못의 원인을 모른다면 아무것도 이루어낼 수 없다.

훌륭한 외교관으로 평가받는 벤저민 프랭클린은 어린 시절부터 외교관이 되는 게 꿈이었다. 꿈을 이루는 지름길을 찾고자 많은 외교관의 전기를 읽었다. 그러나 당시의 프랭클린은 성격이 매우 급하고 일 처리가 세심하지 못해서 성공은 그가 간절하게 바랄수록 더 멀어지기만 했다. 그는 하늘을 원망하고 남을 탓하기 일쑤였다. 그를 지켜보던 친구가 조언했다.

"외교관이 되고 싶으면 풍부한 지식도 필요하지만, 성숙한 소양과 인격을 갖춰야 해. 잘못된 길을 가고 있으면서 꿈이 멀리 있다고 탓하지 말게!"

그로부터 며칠간 프랭클린은 '어떻게 해야 외교관이 될 수 있을까?'와 '외교관은 어떤 조건을 갖춰야 할까?'라는 두 가지 문제를 앞에 두고 고민했다. 프랭클린은 가장 근본적인 자세부터 숙지한 뒤 자신의 급한 성미와 까칠한 태도를 고치고 착실하게 일 처리하는 법을 배우기로 했다. 이후 그는 성숙하고 현명한 외교관이 될 수 있었다.

힐러리 클린턴이 2008년 미국 대통령 선거 출마 당시 국가의 의료보험 시스템에 문제가 있다는 걸 설명하는 자리였다. 힐러리는 어떤 임산부가 병원이 규정한 100달러의 예납금을 내지 못해 치료가 지연되어 모자가 모두 사망한 사례가 있다고 이야기했다. 힐러리가 연설에서 병원의 이름을 언급하지 않았지만 오하이오주의 한 병원이 이 사건의 진상을 해명했다. 산모는 의료보험이 있었고, 병원도 진료를 받지 못하게 한 적이 없다고 했다.

그러자 힐러리는 난감한 입장이 되었다. 그녀는 고민 끝에 매체를 통해 사실 확인을 제대로 하지 않고 들은 이야기를 전달했다며 자신의 잘못을 인정했다. 그리고 앞으로는 사실이 확인되지 않은 이야기는 하지 않을 것이라고 입장을 표명했다.

힐러리가 잘못을 인정하자 매체들은 그 일을 더 이상 따지지 않았다. 더불어 힐러리의 이미지와 명예도 더 이상 실추되지 않았다.

독일 철학가 하이데거는 “위인이 범한 실수는 때때로 위대한 것이다.”라고 했다. 실수는 본인의 도덕성을 드러낸다. 사람들은 결과와 무관하게 실수를 용서할 수 있지만, 실수를 회피하는 행동에는 분노한다.

많은 사람이 실수를 바로 잡을 용기와 패기가 부족해서 실수를 외면한다. 한두 번 반복되면 실수를 회피하는 습관으로 굳어진다. 이 잘못된 습관은 당신의 신뢰도를 무너뜨린다.

실수는 결코 창피한 일이 아니다. 즉각적으로 실수를 바로 잡으면 책임감 있는 긍정적인 이미지를 남긴다. 차라리 빠르게 실수를 인정하고 매를 맞는 것이 낫다.

Harvard Life Counseling

미국의 제32대 대통령 루스벨트는 “한 가지 일을 완벽하게 해내려면 정확한 방법을 채택해야 합니다. 틀에 박힌 사고와 고집, 융통성이 없는 태도는 오히려 일을 망칠 뿐입니다.”라고 말했다.

성공과 실패는 한걸음 차이이고, 성공은 정확성에 달려 있다. 잘못된 길을 고집해서 걸어가면 성공과는 반대 방향으로 걸어가는 것이다. 잘못된 길에서 돌아 나올 수 있다면, 실수를 인정하고 기꺼이 돌아서야 한다. 그래야만 성공으로 향하는 길에 올라 아름다운 풍경을 감상할 수 있다.

07

상황에 따라
융통성을 발휘해야 한다

다윈의 《종의 기원》은 '변화'에 기초를 두고 있다. 어떠한 생물도 변화하지 않고 생명을 유지할 수 없다. 생존환경의 변화에 따라 끊임없이 자신을 변화시키는 것이 오래도록 생존할 수 있는 비결이었다. 새로운 환경에 적응할 수 있는 종들은 생존하고, 새로운 환경에 적응하지 못하는 종들은 자연스럽게 도태되고 멸종했다.

인류사회도 똑같다. 진화론에 근거를 두고 지구상의 인류를 살펴보면 쉽게 알 수 있다. 인류는 탄생지 아프리카에서 지구 곳곳으로 이동했다. 유럽, 아프리카 등지로 이동한 민족은 사냥을 하며 먹을 것을 해결했다. 사나운 맹수를 만나면 물리쳐야 했고, 식량이 되는 동물들을 잡기 위해 잘 달리고 날렵해야 했다. 그 결과 팔과 다리가 길어졌으며 짐승을 상대할 만큼 키와 덩치도 커졌다. 반면, 농사를 지으며 의식주를 해결했던 아시아인들은 밭과 논일을 하기에 적합한 키와 신체를 가지게 됐다. 심고 기다리고 거두는 과정에서 먹을 것이 구해지므로 대체적으로 느긋한 성격이 된 것이다. 아주 오랜 시간에 걸쳐 적응하며 변화된 모습이다. 물론 요즘도 변화는 계속되고 있다. 대륙의 문화들이 교류하고 과학발전에 따라 생활환경이 변화하면서 이에 적응하며 진화를 거듭하고 있는 것이다.

삶은 끊임없는 변화의 과정이고 매일 매시간 새로운 사물과 현상이 등장해 생장하고 번성해서 사회 문명과 발전을 촉진한다. 새로운 사물은 시간의 흐름에 따라 어느새 일상적인 사물로 변모한다. 우리가 변화를 받아들이고 익숙해지는 과정이 '적응'이다. 우리도 동물처럼 환경에 적응하고, 변화에 적응하는 것이다.

고대 그리스 유물주의 철학가 헤라클레이토스는 "우리는 같은 강물에 두 번 발을 담글 수 없다."라고 말했다. 모든 것은 변화 속에 있고, 우리는 시간을 거슬러 옛길을 다시 걸을 수 없다. 슬기로운 사람은 처해 있는 장소와 상황의 변화에 따라 대처 방법을 생각하고, 계획을 세워서 성공을 기대한다. 반면 어리석은 사람은 대처 방법을 모르고, 가끔 현실의 벽에 부딪혀 포기해버리고 사업과 인생을 실패에 이르게 한다.

시대와 장소에 따라 계획을 세밀하게 세워서 일을 처리하고, 사람에 따라 다른 교류 방법으로 다른 시대, 다른 장소, 다른 사람들의 인정을 받아내는 것이 현명하다. 낡은 틀에 얽매여서 변화에 대응하지 못하면 반드시 실패한다. 어떤 일을 하든지 현실의 변화를 잘 살펴서 요령 있게 대처해서 큰 잘못을 피해야 한다.

"영웅은 상황에 따라 융통성을 발휘해야 한다."라는 말은 옛 중국의 영웅호걸들이 성공할 수 있었던 비결을 알려준다. 성공한 사람들은 멀리 앞을 내다보는 식견과 위기에 대응하는 능력, 사물 변화의 규칙을 잘 파악하고 예견하는 능력, 자기완성 능력, 변화에 대처하는 능력, 그리고 변화의 규칙을 이용하는 능력을 갖추고 있다. 그래서 성공한 사람들은 '위기'를 '기회'로 바꿀 수 있는 것이다.

계획이 변화를 따라잡게 하고 싶다면 변화가 발생했을 때 곧바로 효율적이고 정확한 반응을 보여야 한다. 특히 돌발적인 변화에 대처할 때 반응이 늦거나 적절하지 않은 조처를 하면 손해를 초래할 수 있다. 갑작스러운 변화에 안절부절못하거나 혼란에 빠지지 말고 침착하고 냉정하게 능동적으로 변화에 맞추려는 자세가 필요하다.

Harvard Life Counseling

마이크로소프트 기술고문 빌 게이츠는 "과학기술의 발전은 사람들의 삶에 거대한 영향을 미칠 것이기 때문에 가만히 앉아서 발전할 좋은 기회를 놓치지 말고, 시대의 변화에 끊임없이 적응해야 합니다."라고 말했다.

세상에 고정불변의 것이 없듯 성공의 길도 끊임없이 변화한다. 성공하고 싶다면 변화하는 성공의 길을 따라 자신의 계획을 조정하고 자신을 변화시켜야 한다. 그래야만 멋지게 성공을 쟁취할 수 있다.

Part 4

EMOTION

감정을 파악하면 운명을 장악할 수 있다

EMOTION

H A R V A R D

L I F E

C O U N S E L I N G

하버드대학 심리학 교수 하워드 가드너는 “감정적인 행동은 자기통제 능력과 직접적인 연관이 있고, 자기통제 능력의 수준은 성숙함을 표현하는 중요한 지표가 된다.”라고 말했다.

자신의 감정을 확실하게 이해하면 자기통제 능력이 생겨서 부정적인 기분에 좌우되지 않고, 긍정적인 기분으로 전환해서 멋진 성공으로 이끌 수 있다는 것이다.

01

자신의 감정을 통제하라

우리가 이상을 향해 나아갈 때 필요한 것은 몸과 의지 그리고 목표만 있으면 된다. 그 외 나머지 것들은 의지로 해결할 수 있다. 만약, 지식이 부족하다고 느끼면 스스로 책과 정보를 찾아 나설 것이고, 경험이 필요하다면 실전에 뛰어드는 모험을 강행할 것이다. 망망대해에 돛단배를 띄운 심정으로 열심히 노를 젓고 바람을 가를 것이다. 풍랑에 휩쓸리지 않고 파도에 맞서면 성공의 고지를 점령할 수 있다. 그러나 누구도 예기치 못한 복병이 있다. 바로 자신의 감정이다.

자기 안에 있는 심리(감정)와의 싸움은 너무나 잘 아는 적이어서 어렵고 승률이 떨어진다. 양면성을 가진 감정이 시시각각 당신을 좌지우지하려 들기 때문이다. 감정이 도전의욕을 불러오고 상처를 이겨낼 수 있게 도와주면서 스스로 격려하고 용기를 북돋아주는 면이 드러날 때는 당신은 적극적이고 긍정적인 사람이 된다. 어떠한 고난과 역경이 닥쳐도 이겨낼 수 있는 자신감이 발휘되는 것이다. 그러나 감정이 얼굴을 돌리는 순간 당신은 사소한 실패에 당황하고 괴로워하며 좌절하고 포기하게 된다. **자기감정을 조절할 힘이 있다면 자기가 바라는 대로 삶을 이끌고, 운명을 바꿀 수 있다.** 그러나 아무리 자신의 감정이라고 할지라도 종이 뒤집듯이 간단하게 되는 문제는 아니다. 마음가짐의 훈련, 감정 상태를 조절하는 연습으로 감정의 결정권을 당신이 쥐어야 한다.

10년 전 일이다. 니콜은 전자제품 판매점의 직원으로 채용되었다. 어느 날 중년의 여성이 청소기를 사러 왔다. 니콜은 상냥하게 인사를 건네며 다가가 제품을 안내했다. 손님이 까다롭게 이것저것 물었지만 모르는 것은 자료를 찾아가며 친절하게 설명했다. 그 여성은 가장 저렴한 청소기를 구매하고 배달까지 요청했다. 원래 소형 가전은 배달하지 않는 것이 원칙이라고 설명했지만, 그 여성은 다른 매장은 그렇지 않다면서 막무가내로 배달을 요구했다. 어쩔 수 없이 퇴근길에 가져다주겠다며 니콜은 여성을 만족시켰다.

여성이 돌아가자 직원들이 수근거렸다. 그 여성은 블랙 컨슈머Black Consumer로 유명한 사람이었다. 차라리 안 오는 것이 도와주는 것이며, 상대를 안 하는 것이 이익이라고 했다. 상황을 몰랐던 신입 니콜이 그 상황을 맞은 것이다.

아니나 다를까 퇴근길에 지친 몸으로 배달을 간 니콜은 색깔이 다르다고 트집 잡혀 다른 물건을 가져다 달라는 요구를 받아들고 물건을 도로 가지고 왔다. 다음 날, 배달을 무사히 해주었지만 삼 일 뒤에 여성은 청소기를 반품한다고 했다. 사용해보았는데 흡입력이 니콜이 이야기한 것과 같지 않다는 것이었다. 이미 사용을 했고, 제품의 특성을 알고 고객이 선택한 물건이니 반품 사유에 해당하지 않는다는 설명을 했지만 여성은 소비자 고발센터, 본사 고객센터 운운하며 정신적 피해까지 보상하라고 언성을 높였다. 다른 고객들까지 무슨 일이냐며 웅성거렸다. 이제껏 참았던 니콜은 폭발할 지경이었다. 순간 매출 전국 1위 매장의 지점장이 되겠다는 목표를 포기하기로 했다. 이 여성과 당당하게 시시비비를 가리고 회사도 그만두겠다고 마음먹으며 여성 앞으로 불쑥 다가섰다. 순간, 니콜의 머리에 전날 읽었던 책 속 한 문장이 떠올랐다.

"바로 지금이 당신의 운명을 선택하는 중이다."

니콜은 심호흡을 한 뒤 한 걸음 물러서서 허리를 숙였다. 그리고 여성에게 하자 없는 물건에 대해 고의적으로 민원을 제기할 경우 회사 입장에서 강경 대응할 것임을 차분하게 설명했다. 기존의 사례까지 간과하지 않고 짚고 넘어갈 것이라고 하자 여성은 이번만 참겠다고 하며 돌아갔다. 직원들은 니콜의 현명한 대처에 박수를 보냈다. 그 뒤 니콜은 고객응대 교육부서로 발령이 났고, 지금은 전국 매출 1위의 지점장이 되었다.

부정적인 감정이 당신을 삼켜버렸을 때, 감정에 좌지우지되도록 내버려 두지 마라. 불쾌한 상황에 빠져 자신에게는 운명을 바꿀 충분한 열정과 용기가 없다고 믿지 마라. 누구나 마음먹은 대로 풀리기 바라고 즐거움과 슬픔, 아픔, 좌절에 흔들리지 않는 마인드를 원한다.

조절 능력을 키우면 모든 일을 긍정적으로 이끌 수 있기 때문에 예상치 못한 상황에 쉽게 무너지거나 이성을 잃지 않을 것이다. 단단해져야 한다, 당신이 원하는 만큼. 굳건해져야 한다, 감정이 치우치지 않을 만큼.

Harvard Life Counseling

하버드대학의 교수이자 심리학자 다니엘 골먼는 "감정이 미래를 결정한다. 성공=20%의 IQ+80%의 EQ이다."라고 말했다.

똑똑한 지식보다 감정의 영향력이 더 큰 힘을 발휘한다. 다행히 우리는 자신의 감정을 통제해서 바라는 삶으로 이끌고, 운명을 바꿀 수 있다. 당신 인생에서 즐거움을 취하고 성공을 거머쥘 찬스다.

02

후회의 소용돌이에서 빠져 나와라

하버드대학의 어느 심리학 교수가 수업 중에 매우 정교하게 만들어진 커피잔을 꺼냈다. 학생들이 저마다 컵의 겉모습에 칭찬을 아끼지 않을 때, 교수는 일부러 손에서 커피잔을 놓쳤다. 학생들은 일제히 말문이 막혀버렸고 산산조각 난 커피잔을 계속 안타까워했다. 이때 심리학 교수는 커피잔 조각을 가리키며 말했다.

"컵이 깨진 사실은 매우 유감이지만, 안타까워한들 무슨 소용이 있겠습니까? 이미 커피잔으로 돌아갈 수 없습니다. 앞으로 살아가면서 어떠한 돌이킬 수 없는 일이 발생할 때 이 깨진 커피잔을 기억하세요."

잘못된 선택으로 후회할 때 '그러지 않았더라면 좋았을걸.'이라는 생각을 접어라. 잘못된 결과보다 그 선택을 아예 하지 않았을 때 후회가 더 크다. 그 과정에서 당신이 얻은 경험치는 그 어떤 대가를 치르더라도 확보할 수 없기 때문이다. 한동안은 잘못된 선택으로 생긴 후회가 당신을 더 괴롭히겠지만, 어떻게 손해를 만회할지, 어떻게 하면 비슷한 실수를 막을 수 있을지를 생각하는 것이 훨씬 생산적이다.

작가 토마스 칼라일은 인생의 절반 동안 심혈을 기울여 첫 번째 원고를 완성했다. 40살의 나이임에도 세상에 거의 이름이 알려지지 않았을 때였다. 그는 완성된 원고를 친한 친구인 경제학자 존 스튜어트 밀에게 주면서 자신의 첫 번째 독자가 되어달라고 부탁했다.

친구의 부탁을 받은 밀은 만사를 제쳐두고 나흘 동안 서재에서 한 글자도 빼먹지 않고 원고를 읽었다. 읽는 내내 그는 대작의 느낌을 받았고, 마지막 페이지를 읽고 난 뒤에 가슴 벅차오르는 감동을 억누르지 못했다. 밀은 원고를 책상 위에 올려둔 채 정원을 산책하며 생각에 잠겼다.

'어떻게 하면 친구의 이 위대한 작품이 세상으로부터 주목받을 수 있을까?'

그런데 밀이 미처 알지 못한 사실이 있었다. 밀이 산책하기 위해 서재 문을 열었을 때, 강한 바람이 불면서 책상 위에 있던 원고가 바닥에 떨어졌던 것이다. 그때 밀에게 간식을 가져다주기 위해 서재에 들어왔던 하인은 바닥에 떨어진 원고를 버린 것으로 생각하고 주워서 화로에 넣어 모조리 태워버린 것이다.

산책에서 돌아온 밀은 원고가 불에 타버렸다는 사실을 알고 극심한 고통과 죄책감에 시달렸다. 그는 차마 입이 떨어지지 않았지만 칼라일에게 안타까운 소식을 전해야만 했고, 한참 동안 두 사람 사이에는 말이 없었다.

칼라일은 죄책감에 빠진 친구에게 말했다.

"너무 괴로워하지 말게나. 나는 책을 다시 쓰기로 마음먹었네."

그러나 다시 쓰기란 쉬운 일이 아니었다. 이미 완성했던 원고를 다시 기억해서 쓰기란 새로운 책을 써내는 것보다 더 힘들고 괴로운 일이었다.

칼라일은 온갖 고통을 감당해내며 수개월 후 원고를 다시 완성해냈다. 그 소식을 들은 밀은 칼라일보다 더 기뻐하며 말했다.

"이 작업이 얼마나 어렵고 힘든 일인지 상상할 수조차 없다는 걸 잘 아네. 그럼에도 불구하고 자네를 이렇게 움직이게 한 원동력은 무엇인가?"

칼라일이 대답했다.

"우리에겐 이미 일어난 일을 막을 힘은 없지만, 그 일이 끼친 영향을 바꿀 수 있는 능력은 있다네."

훗날 칼라일은 당시의 감정을 회상하며 말했다.

"얼굴이 귀신처럼 창백해져서 제대로 서 있지도 못하던 밀의 모습을 선명하게 기억해요. 그가 느낀 고통이 너무 강렬했기 때문에 제가 도리어 위로해야 했을 정도였습니다."

상황이 잘못되었다면, 아무리 후회해도 그 일에 대해 손을 쓸 수 없다. 차라리 잘못된 상황을 보완할 수 있는지 살펴보고, 적극적으로 상응하는 조처를 취하면 된다. 만약 결과가 이미 정해졌다면 당신은 더욱 자신의 실수를 인정하고 손해를 최소화하는 데 힘써야 한다.

하버드대학 경영대학원에서는 현명한 선택을 하는 훈련을 한다. 이와 동시에 잘못된 선택을 했을 때 손해를 계산하지 않고 다른 결정 과정에 참여하도록 이끄는 훈련도 병행한다. 이유는 간단하다. 후회하고 망연자실해 있는 것보다 보완하는 행동력을 갖추는 것이 더 낫기 때문이다.

Harvard Life Counseling

하버드대학 심리학자 피터 요한슨은 "후회의 고통은 잘못이 가져온 손해보다 더 막심하다."라고 말했다.

잘못을 지나치게 자책하지 마라. 자신을 고통 속으로 밀어 넣는 것이다. 일단 잘못했다면, 후회하느라 시간을 낭비하지 말고 서둘러 보완하는 일에 돌입하라!

03

불평의 파괴력을 시험하지 마라

"행복한 사람은 누구와 결혼해도 행복할 것이다."라는 말이 있다. 그렇다면 어떤 사람이 행복한 사람일까? 다양한 답변들을 내놓을 것 같은데, 확실한 건 불평하기를 좋아하는 사람은 절대로 행복한 사람이 아니라는 것이다. 인품, 학식, 사회적 지위를 막론하고 불평하기를 좋아하는 사람의 정서는 불안정하기 때문에 성공한다고 하더라도 행복을 느낄 가능성은 상당히 낮다. 불평은 다른 사람의 행복까지도 앗아가기 때문이다.

아내가 주방에서 설거지를 하고 있었다. 피곤이 역력한 표정과 달그락거리는 소리에서도 그녀의 스트레스와 불만이 느껴질 정도였다. 이때 남편이 따뜻한 차를 그녀에게 건넸다. 그러면 꽤 낭만적이고 감동적인 장면이 연출될 거란 예상과 달리 천성적으로 불행한 아내는 남편에게 고함쳤다.

"호의를 베푸는 척하지 마세요!"

역시 천성적으로 불행한 남편은 고개를 숙인 채 거실로 나와야 했다. 따뜻한 차는 아내의 원망과 함께 순식간에 차갑게 식어버렸다.

"나한테 차를 마시라고 주는 거야? 차라리 건드리지나 말지. 난 왜 이렇게 불행한 거야! 온종일 착취당하고 있는데 도와주기는커녕, 왜 건드리냐고!"

물소리가 멈출 때까지 아내의 원망은 계속됐다. 아내가 진정으로 필요한 건 따뜻한 차가 아니라 가사를 분담해줄 사람이었는지도 모른다. 그렇다고 나쁜 감정을 남편에게 다 털어놓을 필요는 없었다. 원망은 행복이 들어갈 공간을 내주지 않았고, 한 줄기 행복마저도 원망이 집어삼켰으니 사라졌다.

곤경은 스스로 만들어내는 것이다. 끊임없이 불평을 내뱉는 순간 그것은 부정적인 감정을 넘어 인생에서 극복할 수 없는 난제로 변한다. 심리학에 원망이 부정적인 자기장을 형성한다는 '자기장의 법칙' 이론이 있다. 좋아하지 않은 일이나 싫어하는 사람에게 온 신경을 집중하면, 싫어하는 마음이 더 커져서 결과적으로 자신까지 불행하게 만든다고 한다. 다시 말해 원망과 불평이 사라지면 하기 싫은 일에서도 좋아할 수 있는 부분을 발견할 수 있고, 싫어하는 사람일지라도 빛나는 부분이 있다는 걸 찾을 수 있다는 설명이다.

유명 카운슬러인 윌 보웬은 주변 사람들의 불평을 들어준다. 사람들은 날씨를 탓하고, 업무를 탓하고, 물가 상승을 탓하고, 아이들의 장난을 탓한다. 이렇게 여러 가지 원망 소리가 그의 곁에 가득 찼음을 인지했을 때, 그는 '불평 없이 살아보기' 운동을 해야겠다고 생각했다. 1년 만에 전 세계 80여 개 국가에서 600만 명의 지원자가 모집됐다. 지원자 전원은 왼 팔목에 보라색 팔찌를 차고 있다가 불평할 때마다 팔찌를 반대 팔에 옮겨서 찼다. 팔찌를 한 팔목에서 21일 동안 옮기지 않아야 활동이 성공적으로 끝나는 운동이었다. 지원자의 대다수가 성공적으로 활동을 끝냈을 때, 놀랍게도 원망하지 않는 좋은 습관이 생겼다는 걸 깨닫게 되었다.

윌 보웬은 저서 《불평 없이 살아보기》에서 "인생은 불공평합니다, 당신은 그것에 적응해야 합니다."라고 했다. 눈앞에 불만이 있다면 그것을 개선하기 위해 적극성을 발휘해야 한다. 성공은 적극적이고 능동적인 사람에게만 호의를 베푼다. 불평을 거두어야 부정적인 생각이 마음속에서 깨끗하게 사라지고 평온이 찾아온다. 새로운 마음가짐이 형성된다면 도전은 즐겁기만 하다.

Harvard Life Counseling

하버드대학 심리학 교수 탈 벤 샤하르는 "지금부터 불평하는 것을 멈추고, 자신의 생활에 책임을 다하세요."라고 말했다.

불평하는 일은 현실을 바꾸지도 못하면서 성공을 향한 인생에 막대한 파괴력을 가진 감정이다. 적극적으로 대응해야 올바른 방향으로 나아갈 수 있다. 불평을 때려치우고 적극적인 행동으로 바꿔라. 시간과 체력을 실제 행동에 투자하면, 불평하는 일과 점점 멀어진다.

04

두려움은 동지가 아니라 적이다

두려움은 인간 신경계에 새겨진 최초의 기억이다. 멀고 먼 옛날, 환경에 적응하는 인류에게 생사존망의 위험에 노출된 사람들의 경계심을 높여 자신을 보호할 수 있게 했다. 달리는 차 앞으로 가지 못하게 하고, 도전하거나 도망가는 등의 반응을 유발해 위험에 빠지지 않도록 한 것이다.

그러나 한편으로는 우리의 삶을 좌우하고, 부정적인 힘으로 변해 객관적인 판단을 방해하기도 한다. 어떤 일을 진행하는 데 있어 두려움으로 망설이거나 도망치게 하는 것이다. 피할 수 없는 두려움이 우리의 걸음을 멈추게 하고 위험에 빠지게 만든다는 사실을 기억하자.

철도회사 관리원인 닐은 평소에 열심히 일하고 맡은 바 책임을 다했다. 그런 그에겐 최대의 단점이 있었는데 인생에 비관적이고, 세상을 부정적인 시선으로 바라본다는 것이었다.

하루는 사장님의 생일 파티가 있는 날이라 모든 직원이 집으로 초대받았다. 그런데 불행하게도 그날 닐은 기차의 냉동 창고에 갇히는 사고를 당했다. 목이 쉴 때까지 소리치고 문을 두드렸지만 모두 생일파티에 가버렸기 때문에 아무도 그의 소리를 듣지 못했다. 닐은 주저앉아 절망적으로 한숨을 내쉬었다.

평소 냉동 창고의 온도는 영하 20도 이하로 유지되기 때문에 당장 나가지 못하면 얼어 죽을 수밖에 없었다. 닐은 체온이 점점 떨어지는 걸 느끼면서 자포자기에 빠졌다. 떨리는 손으로 어깨를 감싸 안고 어둠 속에서 죽음의 순간만 기다렸다.

다음 날 아침 직원들이 냉동 창고를 열었을 때, 몸을 웅크린 채 딱딱하게 굳어 있는 닐을 발견했다. 서둘러 병원으로 옮겨 치료했지만 아무 소용이 없었다.

모든 사람은 닐의 죽음에 대해 도무지 이해할 수 없다며 황당해했다. 기차가 운행을 멈춘 후 점검을 위해 냉동 창고의 스위치는 꺼둔 상태였고, 냉동 창고 안의 산소도 충분했기 때문이었다.

닐은 냉동 창고의 온도가 아니라 마음 때문에 죽었다. 늘 가동되던 냉동 창고가 차가운 공기를 내뿜지 않을 거라고는 추호도 생각하지 않았다. 점검을 위해 냉동 시스템이 가동되지 않았으나 그는 다른 가능성을 생각하기는커녕 살 수 있는 방법을 시도조차 해보지 않았던 것이다.

하버드대학을 졸업한 미국 루스벨트 대통령은 "오직 한 가지 우리가 두려워해야 할 일은 '두려움' 그 자체입니다."라고 말했다. 그의 아내인 엘리너 루스벨트도 두려움이 인류의 가장 큰 약점이라며 "당신은 할 수 없다고 생각하는 일을 해야만 합니다."라고 말한 뒤 실질적인 도전에 집중하라고 했다. 알고 보면 두려움은 약자에게만 작용된다. 자신에 대한 믿음이 없어서 두려움과 싸우지 못하고 두려움에 가려 희망의 손짓을 보지 못하기 때문이다.

두려움은 인간의 불가피한 약점이다. 그 종류도 다양해서 어두움에 대한 두려움, 미지에 대한 두려움, 인간관계에 대한 두려움 등 개인의 가장 나약한 부분을 강타한다. **강자들이 두려워하지 않는 건 두려움을 느끼지 않아서가 아니라 두려움을 이겨냄으로써 성취감과 자신감이 부여되는 것을 알기 때문이다.** 두려움을 정확하게 의식하면 두려움을 마주할 용기와 기회가 생긴다. 두려움은 당신 곁에 둬야 하는 동지가 아니라 타파해야 할 적이다.

Harvard Life Counseling

하버드대학 심리학 박사 제리 양은 "두려움 없이 살아가는 게 두려움에서 멀어지는 유일한 방법입니다. 두려움을 똑바로 바라보고 없애는 법을 배워야 살아가면서 원하는 것을 얻을 수 있습니다."라고 말했다.

두려움 때문에 망설이지 마라. 두려움을 없애는 가장 확실한 방법은 전진하는 것이다.

05

높은 기대는 초조함을 불러들인다

경제가 성장하는 속도만큼 사람들의 생활 리듬도 빨라진다. 덩달아 취업, 주택마련, 경제활동 등의 스트레스도 늘어난다. 초조함은 갈증처럼 물을 마신다고 해결되는 단순한 문제가 아니다. 공기처럼 우리를 둘러싸고 있다가 불시에 건강과 즐거움을 집어삼킨다. 그리고 심각, 비관, 좌절의 감정으로 행복을 짓밟아버릴지 모른다.

마리는 육군기지 주재원으로 파견된 남편을 따라 아프리카 사막으로 왔다. 그런데 공무로 바쁜 남편 때문에 마리는 홀로 보내는 날들이 많았다. 사막의 무더운 날씨, 현지인들과의 소통 단절, 가족과 친구들의 그리움 등의 상황이 끊임없이 마리를 속상하게 만들었다. 끝이 보이지 않는 사막이 싫어지기 시작한 마리는 부모님께 보내는 편지에는 운명이 불공평하다는 불만으로 가득했다.

"다른 여자들은 대도시에서 안락한 생활을 하고 있는데, 전 홀로 무료하고 해괴한 곳에 있어요."

마리가 마지막으로 부모님께 쓴 편지에는 모든 걸 버리고 고향으로 돌아갈 준비를 하고 있다고 단호하게 말했다. 부모님은 마리에게 이런 답장을 보냈다.

"두 사람이 감옥 철창을 통해 밖을 내다보았단다. 한 사람은 진흙을 보았고 다른 한 사람은 별을 보았지. 진흙을 본 사람은 운명의 불공평함을 불평했고, 별을 본 사람은 운명의 보살핌에 감사했단다."

부모님의 편지를 읽은 마리는 자신의 불만과 초조함에 부끄러움을 느꼈다. 그리고 속으로 '마음을 평온하게 하고, 사막에서 나만의 별을 찾자.'라고 생각했다.

이후 6개월 동안 마리는 적극적으로 현지인들과 교류하기 위해 노력했다. 마리의 친절함에 감동한 현지인들은 그녀와 친구가 되었다. 마리가 그들의 그릇과 방직물에 관심을 가진다는 걸 알고, 관광객에게 판매하려던 그릇과 방직물을 아까워하지 않고 선물도 했다. 초조함과 불안함은 마리에게서 점차 멀어졌고 마리의 일상생활은 다채롭고 의미 있게 변했다. 마리는 선인장과 사막 식물들을 연구하고, 모래 언덕에 올라 일출을 감상하기도 했으며 사막의 역사 고적을 연구하기도 했다.

남편의 주재원 생활이 끝난 후, 다시 미국으로 돌아온 마리는 사막에서 발견하고 겪은 것들을 편집해 《즐거운 도시》라는 책을 출간했다. 그녀는 책을 통해 초조함에 처해 있는 사람들을 일깨웠다.

"초조함을 내려놓고 불평을 멈추면, 반짝반짝 빛나는 별을 볼 수 있어요."

초조함을 느끼는 사람은 어떤 환경에 처해 있든 부정적인 면만을 바라보고, 숨어 있는 즐거움과 희망을 찾아내지 못한다. 《하버드 행복수업》의 저자 탈 벤 샤하르 심리학 교수는 사람이 초조한 상태가 장기간 계속되면 '감정 파탄'의 상태를 보인다고 했다. 부정적인 감정이 계속 늘어나고 불안함과 스트레스에 따른 문제가 많아질 때, 감정의 '대공황'을 맞는다는 것이다.

초조한 감정과 멀어지고 싶다면 남과 비교하지 말고, 허영을 추구하지 말고, 자만하지도 말고, 열등감을 느끼지도 말아야 한다. 추측에 의존하지 말고, 다른 사람의 시선 때문에 끙끙 앓지도 말아야 한다. 그래야만 즐겁게 자기의 리듬대로 살아갈 수 있다.

Harvard Life Counseling

하버드대학 첫 여성 총장 드루 길핀 파우스트는 "여러분이 초조함을 느끼는 건 성공하고 싶은 마음 때문입니다."라고 말했다.

초조함이라는 나쁜 선례를 만든 건 잘못된 욕망이다. 초조함의 원인과 문제점을 찾아내라. 극복하는 건 시간문제다.

06

소문에 침묵하고 대응할 때를 노려라

미국 최고의 두뇌집단이라 불리는 하버드대학은 정재계 인사, 학자, 자산가 등 엘리트를 배출해내는 곳으로 유명하다. 사람들은 질투하기 좋아하는 본성이 있어서 하버드대학 출신들의 행보는 여러 사람의 평판으로부터 자유로울 수 없다. 그래서 소문에 어떻게 익숙해지냐는 문제는 하버드대학 교육의 중요한 부분이 되었다. 이에 대해 현명한 교수들은 "다른 사람의 입으로 당신의 인생을 좌지우지하게 하지 마세요."라고 제안했다.

다재다능했던 윌리엄은 하버드대학 졸업하고 캘리포니아에서 사업을 시작했다. 몇 년 후, 그는 자신이 꿈꾸었던 정치를 하기 위해 정계로 옮겨 참의원 선거를 준비했다. 윌리엄은 자격과 경력을 충분히 갖췄고, 사업을 하는 동안 공익활동에도 힘썼기 때문에 선거에서 매우 유리했다. 그러자 경쟁자들은 윌리엄을 떨어뜨리기 위해 온갖 유언비어를 퍼뜨렸다. 그중 하나가 졸업 후 강사로 일할 당시 젊은 유부녀와 애매한 관계였다는 내용이었다. 소문은 사람들 사이에서 매우 빠르게 퍼지기 시작했다.

눈치가 빠른 사람은 경쟁자가 윌리엄이 얻을 표를 떨어뜨리려고 일부러 퍼뜨린 소문이라는 걸 알았다. 경쟁자들의 의도는 이랬다. 일단 소문이 퍼지기 시작하면 사람들은 윌리엄의 일상생활 태도 문제에 의문을 제기할 것이고, 윌리엄은 근거 없는 모욕에 분노하고, 자신의 결백을 주장할 것이다. 그렇게 되면 사람들은 윌리엄을 더욱 의심할 것이라고 생각했다. 처음에는 경쟁자들의 의도대로 윌리엄은 분노를 참지 못하고, 기자회견을 열어 결백을 주장하고 소문을 날조한 사람들을 엄격하게 규탄하려고 했다. 그런데 기자회견을 준비할 때 그의 대학 스승에게 전화가 왔다.

“그런 일을 하지 않았다면 신경 쓸 필요가 없다네. 어째서 다른 사람의 입으로 자네의 인생을 좌지우지하려고 하는가?”

스승의 말은 윌리엄을 냉정하게 만들었다. 윌리엄은 홀가분한 마음으로 각종 행사에 참여해 유권자들과 이야기꽃을 피우며 소문에 관한 이야기는 절대 입 밖에 내지 않았다. 그러자 소문을 만들어낸 사람들은 초조해지기 시작했다.

선거일이 가까워지고, 경쟁자는 소문에 관해 이야기하면서 윌리엄의 도덕관념의 부족함을 질책하고 민중의 대표가 될 자격이 없다고 비난했다. 상대의 기선제압에 대해 윌리엄은 재치 있게 대답했다.

“누가 이런 소문을 퍼뜨렸을까요? 그분은 미혼이었고, 제가 그녀를 잡기 위해 얼마나 고생했는지 아십니까? 그런데 지금 그녀는 결혼했고, 그녀의 남편은 여러분과 마주하며 이야기하고 있습니다. 요즘 기자들은 정말 대단하군요!"

윌리엄은 재치 있게 위기를 넘겼고, 선거에서 가장 높은 득표수로 참의원이 되는 데 성공했다.

사람이 있는 곳에는 각종 소문이 존재한다. "거짓말도 반복해서 들으면 진짜가 된다."라는 말처럼 똑같은 이야기도 반복해서 들으면 점점 믿게 되고 소문의 신뢰도는 점점 높아진다. **소문은 사람의 행복을 망가뜨리고 사회 신념을 무너뜨리는 좀으로 변한다.** 집단 충돌을 유발하고, 불신에 이르게 만들어 사회의 모순을 심화시키고, 개인에게는 분노 등의 나쁜 감정을 일으킨다.

사람들은 근거 없는 질책을 받을 때 '노코멘트' 자세를 취한다. 그러나 침묵은 때때로 불확실한 느낌을 심어주고, 무언가를 감추려고 하거나 말 못 할 사정이 있다고 오해하게 만들기도 한다. 그러니 **소문에 둘러싸여 있을 때는 잠시 침묵하다가 적당한 시기에 사람들 앞에 서는 것이 가장 바람직한 대응이다.**

Harvard Life Counseling

다른 사람의 말이 당신을 좌지우지하게 하지 말아야 자신을 지킬 수 있다. 난처한 상황에 빠졌을 때, 중립적이면서 믿을 만한 제삼자를 내세우면 그 사람은 당신의 의견에 날개를 달아줄 것이다. 소문을 부인할 때는 사건의 경과를 자세하게 말해야 한다. 그렇지 않으면 당신이 아무리 '결백'을 주장해도 사람들의 마음에 의혹이 제기될 것이다.

07

감정의 노예가 되지 말아라

하버드대학에서 감정조절에 관한 연구를 했다. 그 결과 감정조절 능력이 약한 사람은 감정에 의해 행동을 통제당하고, 강한 사람은 감정을 통제한다는 결론을 도출했다. 예를 들어 외부의 인식, 해석, 평가로 분노의 감정에 휩싸이게 되었을 때 감정조절을 잘하는 사람은 의연하게 대처하지만, 잘하지 못하는 사람들은 크게 발끈하며 돌이킬 수 없는 실수를 저지르는 경우가 많다는 것이다.

11년 전, 근무 중 등을 크게 다친 드웨인은 회사를 그만둘 수밖에 없었다. 직장을 잃은 후 그는 고통 속에서 몸부림쳤다. 원래 화를 잘 내는 성격인 드웨인은 다쳤다는 사실에 화가 났고, 상처를 치료할 수 없음에 화가 났고, 회사의 불합리한 처우에 화가 났고, 가족들과 친구들의 소홀함에 화가 났으며, 심지어 하느님에게도 화가 났다.

자신의 고통은 하느님이 만들어낸 상황이라고 생각했기 때문이다.

드웨인은 대부분의 시간을 집에서 보냈다. 라디오를 듣지 않았고, TV도 보지 않았고, 친구들의 전화도 받지 않고 자신의 불행한 삶에 대해 우울해했다. 그는 자신을 완전히 가둬버렸다. 누군가가 이전의 삶에 관해 물으면 바로 화를 내거나 눈물을 흘리고 큰소리로 울부짖었다.

"몰라요! 신경 쓰지 마세요!"

모처럼 밖으로 나온 드웨인은 전에 함께 일했던 동료가 걸어오는 것을 보았다. 드웨인은 두 손으로 가슴을 부여잡으며 바닥에 쓰러졌다. 구급차로 현지 병원에 실려 온 드웨인은 의사에게 그 사람을 보자마자 분노가 머리끝까지 차오르고 가슴이 몹시 아팠다고 말했다. 의사는 심장병을 선고했다.

그 후에도 분노하는 마음은 드웨인의 곁을 떠나지 않았다. 41살이 되었을 때 드웨인의 심장은 두 번째 발작을 일으켰다. 가족, 권위 있는 전문가, 목사는 그에게 다시 화를 내면 죽음이 목숨을 앗아갈 것이라고 '최후의 통첩'을 했다. 이미 드웨인의 심장은 이런 자극을 더는 버텨낼 수 없을 지경에 이르렀던 것이다. 드웨인은 예전과 같은 표정으로 눈물을 흘리며 울부짖었다

"아니요! 받아들일 수 없어요! 죽어도 화를 참지 못하겠어요!"

3주 후, 드웨인이 전화로 다른 사람에게 화를 낼 때, 그의 심장은 세 번째이자 마지막으로 발작했다. 가족들이 그를 발견했을 땐 간접적으로 그를 사망에 이르게 한 전화기를 손에 꼭 부여잡고 있었다.

나폴레옹은 “감정을 통제할 수 있는 사람은 한 도시를 손에 넣은 장군보다 더 위대하다.”라고 말했다. **화낼 줄 모르는 사람은 어리석은 사람이지만, 화를 내지 않는 사람은 현명한 사람이다. 화는 습관이자 선택이다.** 분노는 때론 본능적인 충동 반응이어서 욱하거나 화를 폭발시키고도 무엇 때문에 그랬는지 모를 때도 있다. 대체 왜 이렇게 화를 내느냐는 물음에 당신이 꿀 먹은 벙어리가 될 수밖에 없는 이유다. 화가 날 때면 당신이 즐거웠던 일, 혹은 흐뭇했던 일을 생각하자. 당신을 화나게 만든 일을 머릿속에서 밀어내는 것이다. 감정을 통제할 줄 알아야 내 감정의 주인이 된다.

Harvard Life Counseling

하버드대학 심리학자 장 피아제는 “부정적인 감정을 조절하는 건 매우 어렵지만, 조절하는 법을 배우고 계속 시도해야 합니다.”라고 말했다.

화가 났을 땐 화를 적절한 방법으로 해소해야 한다. 다른 사람에게 화풀이하는 건 가장 어리석은 행동이다. 음악 감상, 일기 쓰기, 달리기 등은 썩 괜찮은 해소법이다.

언제까지 계속되는 불행은 없다.
가만히 견디고 참든지 용기를 내어 내쫓아버리든지
이 둘 중의 한 가지 방법을 택해야 한다.

로맹 롤랑

Part 5

PERSONALITY

인격은
성공의 디딤돌이다

PERSONALITY

H A R V A R D

L I F E

C O U N S E L I N G

"인품과 덕성은 성공한 인생의 초석입니다."

하버드대학 철학 박사이자 중국 현대 언어연구의 선구자 자오위안런의 말이다. 자격과 경력이 부족하고, 출신 배경이 좋지 않다고 하더라도 훌륭한 인격을 갖추면, 인맥을 얻고, 인기를 높여서 소탈하고 대범하게 다방면에서 활약할 수 있다는 것이다. 변화무쌍한 세상에 발맞춰 처세방법까지 갖춘다면 훌륭한 인생계획을 완성할 수 있다.

01

나쁜 습관을 과감히 버려라

하버드대학의 어느 노교수가 학생과 숲을 걷고 있었다. 교수는 갑자기 걸음을 멈추고 눈앞에 있는 네 가지 식물들을 자세히 살펴봤다. 첫 번째 식물은 땅에서 갓 자라난 새싹이었고, 두 번째 식물은 우뚝 솟아난 묘목으로 비옥한 토양에 단단하게 뿌리를 내리고 있었고, 세 번째 식물은 학생의 키만큼 자라난 잎이 무성한 나무였고, 네 번째 식물은 몸통을 다 볼 수 없을 정도로 큰 거목이었다.

노교수는 첫 번째 식물을 가리켰다. "뽑아보아라." 학생은 가볍게 새싹을 뽑아냈다. "이제 두 번째 식물도 뽑아보아라." 학생은 조금 힘을 들여 묘목을 뿌리째 뽑았다. "좋다. 세 번째 식물을 뽑아보아라." 학생은 두 손을 사용해 기진맥진할 정도로 힘을 들인 후에야 겨우 뽑았다. "그래, 이제 마지막 한 그루가 남았구나." 학생은 세 번째 나무를 뽑을 때 이미 기진맥진했던 것을 생각하고는 뽑을 시도조차 할 수 없다며 교수의 제안을 거절했다. 노교수는 웃으며 말했다.
"습관이 삶에 주는 영향이 얼마나 큰지 알겠니?"

습관은 거듭 반복하는 행위로 형성되고, 사소한 일들을 반복하면서 길러진다. 같은 행동을 반복하면 습관으로 변하며 자라고 굳건해져 우리 몸과 마음, 사고에 박힌다. 미국의 교육 개혁가 호러스 맨이 "습관은 철사를 꼬아 만든 쇠줄과 같습니다. 매일 가느다란 철사를 엮다 보면 이내 끊을 수 없는 쇠줄이 됩니다."라고 한 것과 같은 맥락이다.

하버드대학 행동과학연구소는, 한 사람이 하루에 하는 행동에서 5%가 습관적이지 않은 행동이고 나머지 95%는 습관적 행동이라고 했다. 또 다른 연구는 한 동작을 21일 이상 반복하면 습관이 되고, 90일 동안 반복하면 고정된 습관이 된다고 했다. 또한 미국의 자기계발 전문가 제임스 클리어는 "같은 행동을 100번만 반복하면 그것이 당신의 가장 강력한 무기가 된다."라고 했다. 아주 작은 습관의 차이가 몇 달, 몇 년이 지나면 그 영향력은 어마어마해진다는 것이다. 푸념도 습관이고, 잘 웃는 것도 습관이다. 책을 보거나 신문을 보는 것도 습관이고 게임하고 TV채널을 수시로 돌리는 것도 습관이다. 생활의 태도가 은연중 몸에 길들여진 것이다. 자기 인생을 성공으로 리드하고 싶다면 자신의 습관에 대해 관찰하고 점검해야 한다.

좋은 습관은 좋은 성격을 형성해서 멋진 삶을 살 수 있게 도와주지만, 나쁜 습관은 나쁜 성격을 형성하고 성공에 악영향을 준다. 누구나 한 가지 이상의 나쁜 습관을 지니고 있다. 만약 나쁜 습관이 전체 습관에서 주요한 위치를 차지해버리면 인생이 원하지 않는 방향으로 가게 된다.

성공하려면 나쁜 습관을 좋은 습관으로 대체해야 한다. 당신의 나쁜 습관은 장시간 같은 행동을 반복되면서 형성된 것이다. 그것을 고치는 데는 딱 그 시간만큼, 혹은 그 이상의 시간이 걸릴 것이다. 그러나 선천적인 것이 아니기 때문에 반드시 개선할 수 있다. 당신이 단념하지만 않는다면!

Harvard Life Counseling

마이크로소프트 기술고문 빌 게이츠는 "좋은 습관은 재산입니다. 일단 좋은 습관을 지니면 평생의 이익을 얻은 셈입니다."라고 말했다.

좀 더 발전적인 삶을 원한다면 자신의 습관에 문제가 있는지 체크해보자. 습관은 우리를 성공의 길로 인도할 수도 있고 실패의 길로 밀어버릴 수도 있다. 어차피 습관의 굴레에서 벗어날 수 없다면, 성공을 위해 습관을 잘 활용해보는 것이 좋다.

02

똑똑함으로 자신을 포장하지 마라

미국 제9대 대통령 윌리엄 헨리 해리슨은 어린 시절 말수가 적었는데 가끔 내뱉는 말도 어리숙했다. 친구들은 그를 바보라고 놀리며 다양한 방법으로 괴롭혔다.

해리슨은 자신을 괴롭히는 사람들에게 따지거나 화를 내지 않았다. 그래서 그를 진짜 바보라고 생각하는 사람들이 많아졌다. 어떤 사람은 5달러짜리 동전과 10달러짜리 동전을 바닥에 던져 해리슨이 무엇을 가져가는지 살펴보기로 했다. 해리슨은 두 개의 동전을 보고, 반나절 생각한 끝에 5달러 동전을 선택했다.

사람들은 해리슨이 5달러와 10달러도 구분하지 못하는 바보라며 포복절도했다. 이후 같은 방식으로 해리슨을 놀렸고, 해리슨은 사람들이 웃을 수 있다는 사실에 기뻐했다. 그래서 사람들의 실망을 깨지 않게 매번 5달러짜리 동전을 주웠다.

아들이 놀림당하는 모습이 속상했던 어머니는 아들을 가르치기로 했다.

"5달러짜리와 10달러짜리 동전 구분하는 법을 알려줄 테니 앞으로는 10달러를 주우렴."

해리슨은 웃으며 말했다.

"구분할 줄 알아요. 10달러 동전을 줍는다면 더는 제게 선택하라고 하지 않겠지요."

그 말을 들은 어머니는 진정한 바보는 아들을 조롱하는 사람들이었음을 알았다.

지혜가 뛰어난 사람들은 일부러 어리숙한 모습으로 경쟁자들의 경계심을 없애고 안전하게 자신의 목표에 도달한다. 경쟁자들은 그들의 말과 행동을 진짜 그의 모습으로 생각해 그 어떤 꼬투리를 잡을 수 없고, 정보를 알아내기도 어렵다. 그 결과, 어리숙한 척하는 사람들은 가볍게 경쟁자들의 계략을 피할 수 있다.

미하일 고르바초프는 54살의 나이에 구소련 공산당 서기장을 지냈다. 젊은 나이에 요직을 맡는 것에 대해 모두 의구심을 제기했고, 러시아 공산정권의 꼭두각시일 뿐이라고 생각하는 사람들도 있었다. 기자회견에서 참견하기 좋아하는 미국 기자가 질문을 던졌다.

"당신은 급진사상을 가진 지도자이신데, 내각 명단을 결정할 때 높은 분과 먼저 상의를 하셨나요?"

민감하면서도 난처하게 만드는 질문이었고 모두가 고르바초프가 웃음거리가 되는 걸 기다렸다. 고르바초프는 정색하며 말했다.

"이런 장소에서 제 안사람 이야기는 꺼내지 마세요!"

기자의 의도와 달리 답변이 다소 생뚱맞긴 했지만, 고르바초프를 진짜 바보라고 생각하는 사람은 아무도 없었다. 가장 현명한 답변에 기자는 어쩔 수 없이 박수를 보내야 했다.

누구나 자신의 경쟁 상대가 바보처럼 보이길 원한다. 그렇기에 당신의 어리숙한 연기는 상대의 이기적인 심리를 만족시켜줄 수 있다. 자신을 돋보이게 하려고 너무 눈에 띄게 행동하면 오히려 화를 불러오는 경우가 많다. 어리숙한 행동은 때로 당신의 단단한 방어벽을 구축하고 장애물을 제거해서 순조롭게 성공할 수 있게 도와줄 것이다.

Harvard Life Counseling

하버드대학 소통전문가 브룩 윅스는 "여러분의 똑똑함을 돋보이게 하는 건 아무 가치 없는 일입니다. 진정으로 똑똑한 사람은 똑똑해 보이지 않기 때문이죠."라고 말했다.

진정으로 똑똑한 사람은 재능을 뽐내지 않고 조금의 어리숙함과 부족함으로 다른 사람들의 판단력을 흐리게 한 다음 적절한 시기에 진정한 실력을 드러낸다.

03

적절한 침묵으로 상대를 설득하라

사교 모임에 가면 모두들 자신을 드러내고 표현하기에 급급하다. 자신을 과시하고 가지고 있는 역량을 마음껏 뽐낸다. 그러나 너무 많은 말을 하면 실수를 하게 되고 사람들의 웃음거리가 되거나 미움을 살 수도 있다. 하버드대학 교수들은 "발언이 여러분의 사상을 넘어서게 하지 마세요."라고 말한다. 성숙한 사고를 갖추지 않고 말하지 말라는 의미다. 침묵은 사고의 정지가 아니라 열심히 사고하는 과정이다. 함부로 말을 내뱉지 않는 건 당신의 성숙함을 드러내는 것이다.

미국 제25대 대통령 윌리엄 매킨리는 18살에 병역 복무를 시작해 뛰어난 성과를 보여 소령까지 진급했다. 전역 후에는 변호사, 검사, 하원, 주지사를 역임한 뒤 1897년 마침내 미국 대통령으로 당선됐다.

매킨리는 정권을 잡은 후 미국 경제 발전에 큰 공을 들였다. 관세를 높이고 화폐 안정을 꾀하는 정책을 채택하기 위해 재무장관을 교체했다. 이런 매킨리의 행동은 정권을 장악한 뒤 기세등등해졌다는 등 많은 정적들의 반발을 샀다. 정적들은 뒤에서 대통령의 모든 행위를 규탄하고 매킨리와 논쟁할 몇 명의 대표를 선발했다. 대표 중에 아담한 체구의 국회의원이 있었다. 그는 화를 잘 내고 목소리가 크기 때문에 대통령에게 두려움을 주어 정책 강령을 바꾸게 할 의도로 선출되었다.

그는 대통령을 보자마자 특기를 마음껏 발휘해 한껏 질책을 했다. 매킨리는 몇 번이나 자신의 견해를 밝히고 싶었으나 이 작은 체구의 대표는 틈을 주지 않고 몰아붙였다.

얼마 지나지 않아 매킨리는 미소를 띠고 있었다. 작은 체구의 대표는 반나절을 큰 소리로 떠들다가 입이 마르고 혀가 아픈지 목소리가 점점 작아졌다. 대통령이 화를 참고 가끔 고개도 끄덕이면서 인내심 있게 이야기를 듣는 모습에 대표는 계속 떠든 게 민망해졌는지 말을 멈추었다. 그제야 매킨리는 "하실 말씀은 다 하셨습니까?"라고 입을 떼고 말을 이었다.

대통령이 차분하게 자기 뜻을 설명했다. 그 자리에 있던 몇 명의 대표들은 서로 얼굴만 쳐다보며 어찌할 바를 몰랐다. "사실 그대를 탓할 순 없어요. 진상을 모르는 사람은 누구라도 당신처럼 화를 냈을 겁니다."라는 마무리로 매킨리는 그의 체면을 살려주었다.

야당의 대표는 대통령이 보인 품격 있는 태도에 설득됐고, 당원들에게 보고할 때도 매킨리의 입장에 서서 말을 했다. 매킨리의 '잠자코 참은 행동'은 정치적으로 많은 지지를 얻게 했고, 그의 정책 강령도 순조롭게 실시됐다. 매킨리의 집권 당시 미국 경제는 비약적으로 발전했고, 이로 인해 그는 '번영을 불러온 대통령'으로 추대됐다.

사람들은 화가 나면 이성을 잃고 흥분하여 말을 하다가, 화가 가라앉으면서 이성이 돌아와 자신의 말실수를 깨닫는 경우가 많다. 뒤늦은 후회보다 적당하게 침묵을 유지하는 것이 더욱 설득력 있는 행동이다.

물론 발언해야 할 때는 반드시 적극적으로 발언해야 기회를 잃지 않는다. 특히 다른 사람의 질문에 바로 대답해야 예의 없다고 오해받지 않는다. 적절치 않은 상황에 침묵하는 건 교류를 촉진할 수 없고, 교제 성공률에 악영향을 미치는 치명적인 실수가 된다. 침묵은 묵비권이 아니다. 진중하게 신뢰감을 업그레이드시킬 수 있는 도구다. 때와 상황에 맞춰 적절하게 활용할 때 효용가치가 극대화된다.

Harvard Life Counseling

하버드대학 사회학 교수 화이트는 "다른 사람과 대화하기 전에 스스로 세 가지를 확인해야 합니다. 첫째, 말하려는 것이 사실인가? 둘째, 꼭 해야 하는 말인가? 셋째, 이 말은 애정에서 비롯된 것인가?"라고 말했다.

애정에서 비롯된 조언과 충고는 말하는 태도, 각도, 방식에서 상대방의 심리적 요구를 충족시키는 결과로 이어진다.

04

칭찬으로
사랑을 끌어내라

누구나 다른 사람에게 인정받기를 바란다. 인정은 칭찬의 한 형태이다. 보통 칭찬을 들으면 만족감을 느끼기 때문에 칭찬의 유혹을 거절하는 사람은 거의 없다. 영국의 대문호 조지 버나드 쇼는 "누군가가 나를 추켜세울 때마다 머리가 아픕니다. 칭찬은 들어도, 들어도 부족하니까요."라고 자조적으로 말했다.

칭찬에는 다음과 같은 4가지 기술이 필요하다.

첫 번째 기술 칭찬에는 반드시 진심이 담겨야 하고 사실에 기반해야 하며 과장해서는 안 된다. 80살의 노인을 혈기왕성하다고 칭찬하는 건 언뜻 보기에도 말이 안 되고, 아부한다는 의심까지 받을 수 있다. 정중한 태도로 진심을 전달해야 한다. 얼굴 표정을 정색하거나 말과 생각이 달라서도 안 된다. 마음속으로는 상대를 그다지 좋아하지 않으면서 끊임없이 칭찬하면 상대방은 반어법이나 함정이라고 생각하고, 당신에게 부담을 느껴 더 멀어지려고 할 것이다.

두 번째 기술 칭찬의 말은 적확하게 해야 한다. 말이나 글이 통하지 않으면 좋은 효과를 내지 못하거나 전혀 반대의 뜻으로 전달되어 원망을 살 수도 있다. 예를 들어 건장한 사내에게 꽃처럼 아름다운 용모를 가졌다고 칭찬하면 상당히 터무니없이 들린다. 표현 능력이 떨어지면 웃음거리가 되거나 빈정거린다는 오해를 받을 수 있다.

세 번째 기술 칭찬의 내용은 구체적이어야 한다. 없는 사실을 꾸며내지 말고, 상대의 좋은 점을 칭찬해야 한다. '칭찬이면 다 OK'를 주장하며 거짓말을 일삼는 사람도 있다. 좋은 점을 한 가지 발견하면 온갖 장점을 만들어내 상대를 추켜세우는 것이다. 억지로 만들어낸 장점은 당사자조차 동의하지 않고 오히려 모욕감을 준다.

네 번째 기술 칭찬에도 선을 지켜야 한다. 입에 발린 말처럼 칭찬 빈도가 너무 잦으면 상대는 믿지도 않을 것이며 반감을 느낄 수 있다. 좋은 말도 여러 번 하면 흥미도 떨어지고 효과도 사라진다.

칭찬할 줄 아는 사람은 사람들의 호감을 산다. 칭찬으로 상대의 자존감을 높여주면, 상대는 당신을 더 인상 깊게 기억한다. 프랑스 작가 프랑수아 드 라로슈푸코는 "칭찬은 교묘하고도 은밀한 그러면서도 달콤한 아첨이며, 칭찬하는 사람과 칭찬받는 사람을 모두 만족시킵니다. 칭찬받는 사람은 칭찬을 자신의 대가라 생각하고, 칭찬하는 사람은 자신의 공정함과 뛰어난 판단력을 부각시키려 칭찬하는 것이기 때문이죠."라고 말했다.

가끔은 칭찬의 말이 누군가의 생명줄이 되기도 한다. 많은 사람이 자신을 부정하고 무시하고 얕보는 다른 사람들로 인해 단점을 고치려 하지 않고 자포자기해버린다. 이때 누군가가 자신의 우수한 점을 발견하고 인정해준다면 그는 자기 자신을 다시 살펴보고 자신감을 가질 수 있다.

사교 현장에서 칭찬은 필수적이다. 칭찬하는 방법을 알면 다른 사람의 신임을 얻는다. 다른 사람을 좋아하고 인정하는 건 좋은 습관이다. 다른 사람의 장점을 보고 느끼면 자신의 태도나 행동에도 도움이 된다. 다른 사람을 칭찬하면서 상대방의 장점을 취하고 자신의 단점을 보완해보자.

Harvard Life Counseling

하버드대학 심리학 교수 윌리엄 제임스는 "인간이 가진 본성 중에서 가장 강한 것은 타인에게 인정받기를 갈망하는 마음입니다."라고 말했다.

모든 감정은 상호적이다. 칭찬에 능한 사람의 인맥은 비교적 좋다. 영국의 시인 새뮤얼 존슨은 "칭찬은 황금과 다이아몬드처럼 희박하지만 가치가 있다."라고 말했다. 칭찬을 아끼지 말자.

05

손해 볼 줄 아는 지혜가 필요하다

사람들은 '손해'라는 두 글자에 매우 민감하다. 자칫 자신이 손해 보는 게 확실하다고 판단하면 위험을 감수하면서 그동안 쌓은 유대감과 친밀감도 허물어뜨린다. 그러나 얻는 게 있으면 반드시 잃는 것도 있는 법. 조금 손해를 보는 것이 나쁘기만 한 일은 아니다.

손해를 보는 것은 권리를 잃는 게 아니라 잠시 물러서는 책략으로 장기적인 경쟁에서 더 유리한 위치를 확보할 수 있다. 또 강한 상대를 만났을 때는 적당하게 손해를 봐야 더 큰 손실을 막을 수 있다. 예수가 그의 제자들에게 "악인에게 맞서지 마라. 누가 네 오른뺨을 치거든 다른 뺨마저 돌려대어라."라고 일깨운 것도 같은 이치다. 약간의 손해와 모욕, 약함을 감당하는 것은 효과적으로 자신을 보호하는 방법이다.

또한 손해는 포용의 수단으로도 볼 수 있다. 다른 사람의 무례한 행동을 태연하게 용서하면 상대는 당신의 너그러움에 부끄러움을 느끼고, 당신에 대한 원한과 갈등은 사그라질 것이다. 눈앞의 손해가 갈등을 해결하고 상대의 존중을 얻을 수 있는 중요한 방법이라고 인지한다면 경쟁에서 안전하게 살아남아 더욱 발전할 수 있다.

어떤 사람이 홍콩의 통신사 PCCW의 사장 리처드 리에게 물었다.

"혹시 아버지 리카싱 씨가 돈을 잘 벌고 성공하는 비결을 가르쳐주셨나요?"

이에 리처드 리는 아버지는 사람으로써의 도리를 가르쳐주셨다고 대답했다. 리카싱은 아들에게 다른 사람과 협력관계를 맺을 때, 7할을 가지는 게 가장 합리적이지만, 8할이나 6할을 가져도 괜찮다고 말했다.

적당히 손해를 보면 협력하려는 사람을 더 많이 얻을 수 있다는 말이다. 생각해보자. 비록 전체 이익의 6할만 가져가지만 100명의 사람이 협력을 원한다면 얼마나 많은 6할을 가질 수 있겠는가? 8할을 가진다면 100명의 사람이 5명으로 변할 것이고 그에 따른 손해와 이윤을 짐작할 수 있다. 리카싱은 평생 많은 사람과 장기적 혹은 단기적인 협력관계를 맺어왔고 수익을 분배할 때 자신은 항상 조금의 이익만 가져가기를 원했다. 사업이 부진하면 아무것도 가지지 않으려고 하거나 손해를 보려고 했다. 이는 리카싱의 품격이자 도량이었다. 바로 이러한 품격과 도량으로 그와 협력하기를 원하는 사람이 늘어나고 사업도 확장할 수 있었다. 리카싱의 성공은 손해를 볼 줄 아는 도량 덕분이었다.

손해를 감당할 줄 아는 사람의 도량은 클 수밖에 없다. 다른 사람이 불공평하다고 느끼는 일을 용인할 수 있고 자신에게 상처를 주는 사람도 포용하기 때문이다. 이런 사람들은 사소한 일까지 시시콜콜 따지는 사람보다 큰일을 훨씬 쉽게 해낼 수 있고, 품행이 바르기 때문에 더 원활한 인간관계를 맺을 수 있다. 적당히 손해를 보는 법을 배우자.

Harvard Life Counseling

"'손해를 보는 것은 복, 이익을 챙기는 것은 화'라는 도리를 아이들에게 알려주세요."

하버드대학이 학부모에게 보낸 편지의 한 구절이다. 손해를 보는 것은 인생에서 필수적으로 이수해야 하는 수업과도 같다. 세상은 공평하다. 어떻게든 이득을 챙기려는 사람들은 불안함을 느끼지만, 손해를 입은 사람은 인내와 포용을 배운다. 손해를 두려워하지 말자. 손해를 보는 사람들은 넓은 도량과 너그러움을 갖추고 있다.

06

양보는 미덕이 아니라 승리다

사람은 누구나 약한 존재로 취급받는 것이 싫어 남을 이기려 한다. 약한 모습을 당당하게 드러낼 용기 있는 사람은 없고, 누군가 하자는 대로 무조건 따르는 사람은 더더욱 없다. 하지만 고개를 들고 당당하게 행동하는 사람이 되고 싶다면 고개 숙이는 법을 배워야 한다. 다른 사람의 도움을 얻고 싶다면 먼저 예의를 차리고 양보하는 법을 배워보자.

1968년 미국 대선은 민주당 후보 넬슨 록펠러와 공화당 후보 리처드 닉슨의 대결이었다. 록펠러 측의 브레인으로 활약한 헨리 키신저는 자연히 닉슨과 대립했다. 그는 록펠러의 선거운동을 돕기 위해 언론에 대대적으로 닉슨을 비방했고, 닉슨은 경험이 풍부하니 2인자가 제격이라며 부통령에 나서는 편이 낫겠다고 제안하기도 했다. 또

한 닉슨은 미국 역사상 가장 위험한 대통령이 될 수도 있다며 닉슨에게 투표하지 말라고 민중들에게 호소하기도 했다. 그런데도 선거의 형세는 점점 공화당 쪽으로 기울었고, 민주당은 대선에서 패하고 말았다.

실패자의 결말은 몰락이니 키신저는 역량을 발휘할 기회를 모두 잃은 셈이었다. 그러나 닉슨은 승리자의 고자세로 상대를 조롱하지 않고 평화의 상징인 올리브 가지를 내밀었다. 겸손과 진심을 담아 키신저에게 자신의 참모가 되어달라고 말했던 것이다. 이는 키신저가 확실히 훌륭한 외교 인재기도 했지만 미국 정부의 이미지를 회복하기 위해 민주당과의 관계 완화를 통해 시민들의 지지를 얻으려는 의도였다.

닉슨은 여러 번 마음을 열고 대화를 나누며 키신저의 마음을 돌렸다. 이후 키신저는 닉슨에 대한 칭찬을 아끼지 않았다.

"닉슨은 대외 정책에서 1956년 이래 모든 대통령 후보자들보다 뛰어납니다."

키신저는 닉슨의 넓은 도량과 인재를 볼 줄 아는 능력에 설득되었고, 정치무대와 국제무대에서 닉슨을 위해 적극적으로 계책을 내놓았다.

양보는 약함을 드러내는 게 아니라 겸손하게 타협을 이뤄내는 처세술이다. 적대적인 관계라 할지라도 먼저 겸손하게 양보하면 상대는 긍정적인 반응을 보일 것이다. 우호적으로 왕래하고 웃음을 나누면 모든 원한이 사라진다. 상대를 정복하는 가장 좋은 방법은 힘으로 무력화시키는 게 아니라 상대의 적의를 사그라뜨리고 자신의 진영으로 끌어오는 것이다.

당신이 상대를 대하는 태도는 상대가 당신을 대하는 태도를 결정한다. 다른 사람의 신임을 얻고 싶다면 우선 자세를 낮추고 겸손하고 예의 바르게 행동하자. 그리고 상대의 말을 경청하자. 경청은 존중과 경의를 표하는 방식이다. 마지막으로 포용할 줄 알아야 한다. 포용은 다른 사람이 당신을 받아들이고 포용하게 하는 힘이다. 사람을 사귈 때, 상대에게 충분한 존경을 표하면 상대도 당신이라는 존재를 인정하고 친구가 되려 한다.

아무리 대단한 능력을 갖추고 높은 위치에 있어도 고자세로 행동해서는 안 되고 자신을 돋보이려고 해서도 안 된다. 목소리를 높여 자신을 추켜세울수록 사람들은 당신과 점점 멀어지게 된다. 자신을 지나치게 높은 자리에 두면 다른 사람이 함께하기 힘들다. 당신이 스스로 자신을 낮춘다 해도 당신의 신분과 지위가 낮아지지 않고 다른 사람이 무시하지도 않는다.

일부러 친한 척하거나 공손한 척할 수도 있지만, 그럴 경우 진정한 존중이 아니라서 위험하다. 친구를 사귀는 것은 '쇼show'가 아니다. 자신의 재능을 적절하게 숨길 줄도 알아야 사람들에게 환영받고 진정한 우정을 얻을 수 있다.

Harvard Life Counseling

미국 석유 사업가 진 폴 게티는 "업무 처리에서 편협한 안목을 가장 피해야 합니다. 눈앞의 이익만을 노리는 사람은 숨어 있는 기회를 발견하지 못합니다."라고 말했다.

사소한 일이라도 다른 사람을 도와주고 겸손하게 양보하면 상대의 자존심을 지켜줄 수 있고 그 사람은 당신편이 되어준다. 용맹함을 과시하지 말고 눈앞의 이익과 손해만 따지지 말자. 자세를 낮추면 다른 사람의 진심을 얻을 수 있다.

07

타협은 사회적응력을 키우는 수단이다

더불어 사는 세상이기에 자신의 의지대로만 살아갈 수 없다. 때에 따라 적당히 고개를 숙이고 현실적인 면을 고려해 결정을 바꾸기도 해야 한다. 자존심을 내려놓고 자신의 인생계획을 조정해야 할 때도 있다는 것이다.

타협할 줄 아는 사람은 처세에 능하고 환경에 잘 순응한다. "가지 많은 나무에 바람 잘 날 없다."라는 속담처럼 너무 잘난 척하면 뭇사람들의 비난 대상이 된다.

미국 프로야구의 간판스타였던 윌리엄 호이는 체력의 한계를 이기지 못하고 40살에 은퇴했다. 그는 은퇴 후, 인기스타라는 프레임에 빠져 흥청망청하지 않고 보험회사 영업사원에 지원했다.

하지만 자신의 인지도면 충분히 고용될 거라는 예상과는 달리 입사시험에서 떨어졌다. 인사팀장은 그에게 "보험영업은 사람의 마음을 끌 수 있는 미소가 필수적입니다. 당신은 그렇지 않군요."라고 했다. 그 말을 듣고 윌리엄은 꾸준히 웃는 얼굴을 연습했다. 사람들이 은퇴 후 실성했다고 말할 정도로 매일 큰소리로 백 번씩 웃었다. 며칠 후 다시 인사팀장을 찾아갔지만 "아직 멀었습니다."라는 답변이 돌아왔다. 윌리엄은 낙담하지 않고 매력적인 미소를 가진 대중적 인물의 사진을 집안 곳곳에 붙여두고 수시로 웃는 얼굴을 연습했고, 전신거울을 욕실에 설치하고 자신의 발전을 관찰했다. 시간이 흘러 다시 보험회사로 찾아갔지만 팀장은 여전히 "좋아지긴 했지만, 사람을 끌어당길 정도는 아닙니다."라고 냉정하게 말했다.

윌리엄은 포기하지 않고 더 열심히 웃는 연습을 했다. 그러던 어느 날, 산책하던 윌리엄은 주택관리인과 마주쳤고 자연스럽게 웃으며 몇 마디를 주고받았다.

"윌리엄 씨, 예전과 많이 달라진 것 같아요."

그 말을 듣고 생각해보니 스타였을 때도 잘 웃기도 했고 다른 사람과 인사를 나누긴 했지만, 주택관리인을 비롯해 자신의 영역 밖의 사람에게 인사를 먼저 하거나 웃어준 적이 없었다는 게 떠올랐다. 그러나 지금은 스타라는 프레임을 내려놓고 주택관리인을 향해 웃었던 것이다.

윌리엄은 문득 웃는 연습을 했지만 진심에서 우러러 나왔기보다는 직업을 얻기 위함이었다는 사실을 깨달았다. 윌리엄은 생각을 바꾸고 모든 사람에게 마음에서 우러나오는 미소를 지었다. 나중에 윌리엄은 까다로운 인사팀장을 설득해 보험회사 영업사원이 되었고, 매력적인 미소로 많은 고객을 유치하는 데 성공했다. 사람들은 그를 향해 '백만 불짜리 미소를 가진 사나이'라고 불렀다.

바람이 방향을 바꾸면 초목들도 따라서 허리를 굽히는 것은 생존을 위한 욕구이자 타협이다. 필요하다면 우리도 사회 현실에 우리의 자율성, 개성, 원칙을 타협해야 한다. '쥐꼬리만 한 월급'이지만 모욕을 참고 허리를 굽힐 줄 아는 사람은 사회생활과 경쟁 환경에 잘 적응할 수 있다.

세상을 살아가는 건 자칫 발을 헛디뎠다가 목숨이 위태로워지는 외줄타기와 같다. 상황에 적절하게 타협할 수 있는 능력을 갖추면 그 어떤 우여곡절과 어려움을 만나더라도 편안하게 살아갈 수 있다. 좌절과 치욕을 견뎌내는 힘은 성공을 손에 거머쥘 수 있는 힘으로 변한다.

Harvard Life Counseling

하버드대학 심리학 박사 웨샤오둥은 "훌륭한 심적 소양을 갖춘 사람은 대부분 환경에 잘 순응해서 부당한 대우를 받기도 하고 고생하기도 한다."라고 말했다.

어쩔 수 없이 고개를 숙여야만 할 때는 잠깐 수그러들어서 안전을 확보해야 한다. 장기적인 이익을 위해서라면 잠깐의 희생을 감수하는 게 어떤가? 겸손하게 자신을 낮추고 상대가 경계하지 않을 때까지 당신은 정신을 수양하고 힘을 기르는 등 충분한 준비를 하면서 기다리자.

성공한 사람이 되려 하기보다
가치 있는 사람이 되려고 노력하라.

알베르트 아인슈타인

Part 6

CHARM

매력적인 사람이 되라

CHARM

H A R V A R D

L I F E

C O U N S E L I N G

프랑스 소설가 스탕달은 “뛰어난 사람은 논리적인 두뇌와 뚜렷한 기질을 갖춰야 한다.”라고 말했다. 뚜렷한 기질이란 사람을 웃게 하고, 분노를 사그라뜨리고, 기쁘게 하고, 사람을 끌어당길 수 있는 신비한 매력이다. 저도 모르게 갑자기 뿜어져 나오는 매력은 눈부시게 빛나고 시간이 지나도 사라지지 않는다.

01

상대방과의 공통점은 서로를 끌어당긴다

말과 행동은 그 사람의 속마음을 반영한다. 당신의 언어와 눈빛 등은 상대에게 우호적인지, 대화를 나누길 원하는지에 관한 정보를 상대에게 전달한다. 상대방에게 거절당하길 원하는 사람은 없다. 사람들은 거만하고 도도한 사람과는 친해지고 싶어 하지 않는다.

1860년, 미국 공화당 대통령 후보였던 링컨은 재벌가 더글라스와 선거에서 각축을 벌였다. 더글러스 측 사람들은 홍보와 연설을 위해 호화로운 경선 기차를 마련해 재력을 맘껏 과시했다.

"그 가난뱅이 링컨에게 재력이 무엇인지 보여줄 겁니다."

이에 공화당 사람들은 링컨의 가난한 배경 때문에 지지율이 떨어질까 봐 전전긍긍해야 했다. 그러나 링컨은 더글라스의 재력 과시에 두려움을 느끼기는커녕 더욱 자신감이 생겼다. 친구들이 마련해준 낡은 마차에 올라 각지를 돌아다니며 경선 연설을 했다.

"자산이 얼마나 있는지 궁금해하시는 분들이 많으니 솔직하게 말씀드리겠습니다. 아내와 세 아들이 제겐 값을 매길 수 없는 보물입니다. 업무를 보기 위해 빌린 사무실에는 책상 하나와 의자 세 개, 구석에는 큰 책꽂이 하나가 있고 책꽂이에 꽂힌 책들은 누구나 자세하게 읽을 가치가 있습니다. 저는 가난합니다. 여러분만이 저의 의지이고 희망입니다!"

링컨의 연설은 많은 서민층의 유권자를 감동시켰다. 그들은 링컨이 '자기 편'이라는 확신을 받았고 망설임 없이 링컨의 편에 섰다.

사람들은 공통점이나 비슷한 구석을 발견할 때 타인에게 친밀감을 느끼고 우호적인 관계를 형성한다. 이를 심리학에서는 '자기 사람 효과'라고 한다. 조건이 같은 상황에서 '자기 사람' 사이의 효과는 더 두드러진다. 상대방에게 긍정적인 평가를 얻으려면 교제하거나 서비스를 제공할 때 친화력을 발휘해 서로 '자기 사람'이라는 신뢰를 쌓아야 한다.

'곡고화과曲高和寡'라는 사자성어가 있다. 곡조가 지나치게 어려워 따라 부르는 사람이 별로 없다는 뜻이다. 대인관계에서도 마찬가지다. 지나치게 근엄함으로 사람들을 대하다 보면, 사람들은 당신을 멀리서 바라볼 뿐 진심으로 마음을 터놓고 이야기하려 하지 않는다. 사람들의 마음속에 친근함을 주는 존재가 돼야 다음 일의 진행이 순조롭다.

주변 사람들과의 공통점을 찾아내서 친화력을 높여보자. 공통점은 학연, 혈연, 지연, 그리고 부부의 인연, 직장의 인연 등의 관계나 지향점, 흥미, 취미, 이익의 공통점 같이 단체나 조직에 소속된 관계 등 다양하다. 공통점과 친절함을 결합하면 자연스럽게 조화로움이 형성된다.

Harvard Life Counseling

대개 인복이 있는 사람은 의식적이거나 무의식적으로 '친화 효과'를 이용한다. 공통점에서 대화의 화제를 찾아내 자신의 사람으로 만드는 것이다. 사람들은 비교적 쉽게 친해지는 상대를 좋아하게 마련이다.

02

솔직함은 상대의 마음을 여는 열쇠다

대인관계에서 솔직하고 성실하지 않은 데는 두 가지 경우가 있다. 한 가지는 가식이고, 하나는 지나치게 조심스러워서다. 가식적이고 표리부동한 사람은 자신이 현명하다고 생각하지만, 그런 행동을 장기간 지속하면 신뢰와 우애를 잃는다. 지나치게 조심스러운 사람은 누구든지 마음을 터놓고 교류하기 어렵다.

솔직하고 성실한 건 개방적이면서 자신감 있고, 자연스러운 상태를 드러낸다. 솔직하고 성실한 모습은 가식, 투정, 질투, 의심, 허영심, 비겁함 등을 깨끗하게 벗겨내는 것이다.

소개팅을 하는 남녀가 호숫가에서 만났다. 170cm 정도의 키, 까무잡잡한 피부, 깔끔하지 못한 옷차림의 남자에게 여자는 실망했다. 자신도 모르게 한숨을 쉬며 찬바람이 쌩쌩 부는 듯 냉랭하게 굴었다. 그녀의 마음속 백마 탄 왕자는 키가 크고 잘생긴 데다 소탈하면서도 기품 있는 모습이었다. 여자는 자신처럼 예쁘고 다재다능한 사람과 이 남자는 어울리지 않는다고 생각했다.

남자는 여자의 냉담함을 느꼈지만, 민망해하거나 자존심 상해하지 않았다. 시종일관 미소를 띠며 따뜻하게 말을 건넸다. 대화하면서 여자는 남자가 생각만큼 싫지 않았고, 못생긴 외모에서 오히려 안정감을 느꼈다. 두 사람은 점점 많은 대화를 나누기 시작했다.

"연애는 해보셨어요?"

"한 번이요. 차였지만 머릿속에는 여전히 그녀의 그림자가 맴돌아요."

순간 여자는 우롱당하는 기분이 들면서 자존심에 상처를 받았고 말도 없이 그 자리를 떴다. 다음 날, 여자는 남자에게서 꽃다발과 편지를 받았다.

"제게 실망하신 걸 압니다. 거짓말로 당신의 마음을 얻을 수도 있었지만 진정한 사랑은 조금의 티끌도 용납할 수 없다고 생각합니다."

솔직하고 진심이 담긴 편지는 여자의 마음을 움직였다. 이후 두 사람은 서로를 더 이해하게 됐고, 사랑하는 사이가 됐다.

사람에게는 네 가지 심리적 공간이 존재한다. 자신과 다른 사람이 모두 아는 '개방 구역', 다른 사람은 알지만 본인은 모르는 '맹목적 구역', 다른 사람에게 털어놓은 적 없는 '비밀 구역', 자신과 다른 사람 모두 알지 못하는 '미지 구역'이다.

미국의 한 사회심리학자는 솔직하게 자신의 모습을 드러내는 정도와 마음의 창을 활짝 열 수 있는지에 따라 소통의 효과가 다르다고 했다. 솔직하고 성실한 것은 단점을 드러내지만 쉽게 상대의 이해를 얻을 수도 있다. 솔직하고 성실하게 사람을 대하고 개방 구역을 넓히면 기대한 교제 목적을 달성할 수 있게 된다.

효과적인 교제를 하려면 최대한 개방 구역을 넓히고, 맹목적·비밀·미지의 세 구역은 축소해야 한다. 개방 구역을 넓히고 자신을 솔직하게 드러내는 것은 효과적인 교제 기술이다. 대인관계는 상호작용의 과정이라서 당신이 개방하는 만큼 상대도 그만큼 개방한다. 다른 사람을 알고 싶으면, 먼저 자신을 솔직하게 드러내자. 긍정적인 피드백과 상대의 호감을 얻을 수 있을 것이다.

Harvard Life Counseling

하버드대학은 스승과 제자가 동등한 자격으로 솔직하고 성실하게 대하는 것이 원칙이다. 사제관계는 친구 관계의 확장이다. 그래서 하버드대학에서는 "플라톤을 친구로 삼아라. 아리스토텔레스를 친구로 삼아라. 더 중요한 것은 진리를 친구로 삼는 것이다."라고 말한다. 진리를 친구로 삼는 건 하버드대학에서 강조하는 현명한 행동이다. 진리를 사제 간 소통의 다리로 삼고, 개방 구역을 넓혀서 서로 솔직하고 성실한 교제를 통해 유대감을 높이는 것이다.

03

책임감은 기적을 만들어낸다

미국의 한 심리학 박사가 세계적으로 업적을 세운 100명을 대상으로 설문조사했다. 결과는 놀라웠다. 61명이 자신이 좋아하는 일이 아니거나 이상적이라고 생각하지 않은 직업에 종사하고 있었다. 좋아하지 않은 영역에서 그처럼 큰 성과를 거둬냈다는 사실을 이해하지 못한 박사는 뉴욕 증권사에서 고액 연봉을 받으며 일하는 수잔을 찾아가 인터뷰했다.

대만의 한 음악가 집안에서 태어난 수잔은 어릴 때 부모님으로부터 훌륭한 교육을 받았다. 평생 음악이 있는 세상에서 살아가고 싶을 정도로 음악을 사랑했지만, 그녀는 경영학과에 진학했다. 자신의 전공을 좋아하지 않았지만 열심히 공부했고 성적도 상당히 좋았다. 졸업 후, 추천으로 매사추세츠 공과대학에서 MBA 과정을 공부했다.

우수한 성적으로 경제학 박사학위를 이수한 뒤 미국 증권업계의 풍운아가 되었다. 그렇지만 수잔은 여전히 마음속에 아쉬움이 남아있음을 털어놓았다.

"솔직하게 말하면, 지금도 제가 하는 일을 좋아하지 않아요. 다시 선택할 수만 있다면, 한 치의 망설임 없이 음악을 선택할 거예요. 그러나 이건 아름다운 '만약'이니 저는 지금 하는 일에 최선을 다해야겠죠."

박사는 다시 물었다.

"전공을 좋아하지 않는다면서 왜 그렇게 열심히 공부했죠? 지금 일을 좋아하지 않는데 어떻게 두각을 나타낼 수 있죠?"

"저는 그 자리에 있고, 그 자리에서 최선을 다해야 하는 직책과 직분이 있으니까요. 좋든 싫든 마주해야 하는 일이라면 대충해야 할 이유가 없습니다. 업무에 대한 책임이자 제 자신에 대한 책임이기도 해요. 책임감이 기적을 만들어냅니다."

"책임은 무수한 기적을 만들어낸다!" 라는 말이 있다. 이때 원망, 부정, 나태함은 앞으로 나아가는 길, 나아가야 할 길에서 장애가 된다. 어차피 선택을 바꿀 수 없다면 책임을 다하고 전념하는 것이 올바르고 현명하다.

소설가 마크 트웨인은 "우리가 이 세상에 온 건 현명함과 고상함을 위해서니 우리는 책임을 다해야 한다."라고 했다. 책임감이 있는 사람은 자신의 책임을 남에게 떠넘기지 않는다. 비겁하게 남을 속여 자신의 실수를 가리고 처벌을 피하면 일시적 성공을 거둘 수 있을지는 모른다. 하지만 진실이 수면 위로 올랐을 때 당신의 이미지는 회복할 수 없게 된다. 책임을 회피하고 남에게 전가하는 사람은 반드시 그에 상응하는 대가를 치른다.

Harvard Life Counseling

하버드대학 출신 미국 대통령 오바마는 "우리는 새로운 책임의 시대를 맞이해야 합니다. 모두와 국가, 세계에 대한 의무가 모든 미국인에게 달려 있다는 사실을 마지못해 받아들이기보다 기꺼이 수용해야 합니다."라고 말했다.

인간이라면 자기 자신, 가정, 사회 그리고 국가에 대한 책임은 필수적이다. 회피하려 든다면 그 어떤 변화도 일어나지 않는다.

04

첫인상은 당신 최고의 명함이다

1957년 독일 심리학자 루친스는 짐이라는 학생 관찰을 통해 다음 두 가지 방식으로 심리 실험을 했다.

실험 1 짐은 두 명의 친구와 따스한 햇볕을 쬐며 문구점에 갔다. 문구점은 사람들로 가득 차 있었고, 짐은 점원이 자신을 알아보길 기다리면서 다른 사람과 대화를 나눴다.
실험 2 짐은 학교에서 홀로 나와 햇살이 내리쬐는 대로의 그늘진 쪽으로 걸어갔다.

절대다수가 '실험 1'의 짐을 외향적인 사람이라고 생각했고, '실험 2'의 짐을 내성적인 사람으로 평가했다. 두 단락을 함께 보여주면, 먼저 등장한 단락으로 짐의 인상을 판단했다. '실험 1'과 '실험 2'

중 어떤 단락을 앞에 두는지에 상관없이 나중에 보여준 단락의 영향력이 작았다.

이를 심리학에서 '첫인상 효과'라고 한다. 사람들은 어떤 사람의 능력이나 성격을 평가할 때, 주관적인 첫인상이나 어떤 특징에 의존한다. 이미지나 지위와 역할로 그 사람의 능력을 평가하고 판단하는 것이다.

당신이 어떤 사람을 처음 만났을 때, 상대방은 처음 몇 초 만에 당신을 판정한다. 첫인상은 선명하고 강렬하고 잊기 힘든 것이다. 상대는 당신의 첫인상을 기록으로 보관해두고 이후 당신의 모든 행동을 첫인상과 결부하거나 첫인상에 끼워 맞춘다.

첫인상을 다시 확립할 수 있는 두 번째 기회는 영원히 없다. 좋은 첫인상을 남겼다면 상대는 두 번째 만남을 반길 것이다. 반대로 당신이 첫 만남에서 태도가 별로였거나 매우 나빴다면, 노력을 들이지 않는 이상 두 번째 만남을 기대하기 힘들다. 누구를 만나든지 첫인상을 관리해야 하는 이유다.

하지만 첫인상으로 상대에 대한 결론을 내리는 건 너무 섣부른 판단이다. 완전히 믿을 만한 것도 아니고 큰 오차가 발생할 수 있기 때문이다. 그러나 대다수가 본능적으로 첫인상을 따라간다는 것은 어쩔 수 없는 사실이다. 다른 사람에게 인정받고 싶다면 좋은 첫인상을 남겨라.

사소한 말과 행동이 당신의 이미지를 드러낸다. 좋은 이미지를 가진 사람은 좋은 친구와 많은 발전 기회를 얻지만, 잘난 체하고 예의 없게 행동하는 사람은 무능한 사람보다 더 최악의 결과를 맞이한다.

좋은 첫인상을 주기 위해서는 복장과 외모에도 신경을 쓰는 것이 좋다 자신을 낮추는 태도와 성실하고 진지한 미소를 보여주는 것도 절대 잊지 말자. 그것이 당신이 걸친 그 어떤 명품보다 더 값지다. 신사다운 매너도 필요하다. 매사에 예의 있고, 격식에 맞는 말과 행동으로 최대한 좋은 인상을 남기자.

Harvard Life Counseling

하버드대학의 명예 학생이자 과학자, 정치가인 벤저민 프랭클린은 "한 사람의 행동거지와 용모는 한 사람의 외재적인 매력을 보여주는 주요 방식 중 하나입니다."라고 말했다.

상대방에게 좋은 이미지를 보여주고, 유지하고 지켜야 한다. 특히 첫 만남에서 상대가 겸손하고 예의 바른 사람임을 느낄 수 있도록 더 신경 써야 한다. 첫인상은 당신의 최고의 명함이다.

05

뛰는 놈 위에 나는 놈 있다

"맑은 물에 먹물 한 방울을 떨어뜨리면 바로 색깔이 변하지만, 넓은 바다에 떨어뜨리면 바다는 여전히 푸른 바다색입니다. 왜 그럴까요? 포용력의 크기가 다르기 때문입니다. 익지 않은 보리는 위를 향해 뻗어가고, 다 익은 보리는 아래로 고개를 숙입니다. 왜 그럴까요? 무게가 다르기 때문입니다."

어느 철학자가 한 이 말은 자신을 대단하다고 여긴다면 자신의 잠재의식과 그의 행동반경에서나 가능한 일이고, 자신의 울타리를 벗어나 사회에 나온다면 그야말로 별거 아닌 존재로 전락한다는 뜻이다.

인품과 덕성에 밀접하게 관련된 명성과 지위는 정비례하지 않는다. 능력이 많고, 지위가 높고, 부와 권력을 자랑하지 않아도 다른 사람의 존중을 받으면 좋은 이미지를 구축할 수 있다.

조 루이스는 전설적인 헤비급 권투선수다. 그는 연속으로 세계적인 선수들을 제치고 세계 챔피언의 자리에 올랐다. 상대가 거의 없을 정도로 루이스는 최고의 전성기를 보냈다. 2001년 4월 남아프리카 챔피언십 타이틀 방어전에 출전한 루이스는 다시 한 번 세계인의 관심 대상이 되었다. 모든 사람이 루이스가 무난하게 챔피언 자리를 방어할 거라 예상했다.

그러나 루이스는 이름조차 들어본 적 없을 정도의 무명인 라마에게 충격적으로 패하면서 권투 황제라는 칭호를 넘겨주었다. 이 경기 결과로 권투계는 잠시 혼란에 빠졌지만 라마의 승리를 인정할 수밖에 없었다.

자신이 챔피언 자리에 오를 것이라 예상하지 못한 라마는 원래 시건방졌는데, 루이스를 이긴 후 점점 더 거만해졌다. 라마는 건방지고 무례한 말들을 루이스에게 때와 장소를 가리지 않고 대놓고 했지만, 루이스는 아무런 반응을 보이지 않았다. 그러자 더욱 기고만장해진 라마는 공공연하게 루이스를 겁쟁이라고 폄하했다. 라마의 행보는 여기서 멈추지 않고, TV에서 "루이스는 이미 지는 해고 나야말로 진정한 권투 황제입니다."라며 계속해서 도발해댔다. 더 이상 참을 수 없었던 루이스는 복수를 결심하고 자신의 기량, 속도, 기술을 최대로 올리기 위해 매일같이 노력을 했다.

마침내 7개월 후 복수의 기회가 찾아왔다. 경기 시작 전부터 라마는 자신에게 패했던 루이스를 얕보고 조롱했다. 루이스는 그동안의 겸손한 태도를 내려놓고 재빠르게 맹공을 퍼붓기 시작했다. 라마는 4라운드를 버티지 못하고 루이스의 묵직한 스트레이트 한 방에 녹다운되고 말았다. 쓰러진 라마는 일어나지 못했고 루이스는 다시 챔피언 벨트를 손에 넣었다.

우리가 아무리 대단한 능력이 있다고 해도, 넓고 아득한 우주에서는 큰 바다에 던져진 좁쌀처럼 미미한 존재에 불과하다. 뛰는 놈 위에 나는 놈이 있듯 능력이 출중한 사람은 헤아릴 수 없을 만큼 많다. 그러니 스스로를 너무 대단하게 여기지 마라. 그런데 반대로 자기 자신을 먼지처럼 아주 미미한 존재로 여기는 사람이 있다. 그것도 안 된다. 모두가 맡은 역할이 다르고 보이는 이미지에 차이가 있을 뿐이다. 사람은 평등하고, 하늘은 공평하다.

Harvard Life Counseling

"저의 얕은 견해일 뿐이니 여러분은 자신의 방법으로 생각해보세요."

하버드대학의 교수들이 강의가 끝날 때마다 덧붙이는 말이다. 세계 일류 대학의 교수조차도 이렇게 겸허하다. 진정으로 '나'의 미흡함과 세상의 위대함을 이해하면, 더 나은 방향으로 발전할 수 있고 자신의 인생 가치를 실현할 수 있다.

06

내가 가진 패를
한꺼번에 보여주지 마라

사랑에 빠져 있을 때 마지막 패를 꺼내지 않는 것이 자신을 지키는 방식이다. 사랑에는 조금의 이기심이 필요하다. 물불 가리지 않고 바치기만 하면 결국 더 상처받는 건 당신이다. 개인적인 공간과 신비감이 있어야 신선함을 오래 유지할 수 있다. 하버드대학과 버지니아대학의 심리학자들이 공동으로 연구한 보고서에는 "상대방을 얼마나 좋아하는지 보여주지 않아야, 상대방은 당신에 대해 알고 싶은 욕망이 생긴다."라고 적혀 있다. 여러 연애 관련 서적에서도 상대에게 너무 빨리 자신의 마음을 드러내지 말고 내 사람인 듯 아닌 듯 애매하게 대하라고 조언한다.

연애뿐만 아니라 일상생활에서도 어느 정도의 신비감은 필요하다. 마지막 베일이 쉽게 벗겨지면 당신에 대한 호기심이 사라지고 사람들의 관심을 끌 능력과 가치를 잃게 된다. "이게 내 전부예요."라고 상대에게 말하는 순간 당신이 상처받을 수 있다는 사실을 명심해라.

해양에 관해 연구하던 어느 과학자가 무리를 지어 수면 위로 뛰어오르는 물고기를 발견했다. 그는 물고기들이 아주 민첩하고 뛰어오르는 것에 능숙하기 때문에 뛰어난 탈출 능력을 지녀서, 포식자들로부터 쉽게 벗어날 수 있을 것이라고 예측했다.

그러나 관찰 결과는 완전히 달랐다. 물고기는 위험에 처해지면 서로 앞다투어 수면을 향해 뛰어올랐기 때문에 포식자들은 금방 이 규칙을 알아챘다. 포식자들은 일부러 교란작전을 펼쳤다. 함정에 빠진 물고기들은 본능적으로 수면 위로 뛰어올랐다가 중력에 의해 다시 아래로 떨어지는 순간, 기다리고 있던 포식자들에게 잡아먹히고 말았다. 만약 수면 위로 뛰어오르지 않고 물고기만의 민첩함으로 도망쳤다면 그처럼 쉽게 포식자의 밥이 되지는 않았을 것이다.

어떤 사람은 이 물고기처럼 충동적이고 예민하며 판단력과 인내심이 부족해서 첫 만남에서 상대에게 모든 패를 다 보여준다. 물론 신비감을 유지하면서 매력을 충분히 발휘하는 사람들도 있다. 먼저 당신이 패를 보여주지 않는 이상 그 패가 무엇인지 아는 사람은 아무도 없다. 삶에는 이성적인 계산과 사고가 필요하다. 한 걸음 빨리 내딛는 것은 잘못된 걸음을 내딛는 것과 같다. 정확한 때, 정확한 장소에서 마지막 패를 펼쳐라. 그 패에 사람의 감정을 고조시킬 힘이 있을지 모른다. 인생에서 가장 대단한 사실이자 유일한 사실은 마지막 패를 너무 일찍 펼치면 삶에서 궁금증과 의미가 사라질 것이고 당신은 다른 사람 손에서 놀아나는 대상이 될 수도 있다는 것이다.

우리는 이제 막 시작한 이야기가 어떻게 끝날지 예측하지 못하듯 살아가면서 앞으로 어떤 일이 발생할지 예측할 수 없다. 인생의 열쇠는 당신에게 있다. 자신의 가는 걸음을 측정해서 어디로 갈지 계획하고 실행해야 한다. 그리고 결정적인 순간에 결정적 수단을 꺼내야 한다. 그러나 아직 그 순간이 오지 않았다면 서두르지 말자.

Harvard Life Counseling

누구나 한눈에 볼 수 있는 재능은 진정한 재능이 아니다. 진정한 고수는 평범해보이지만 막상 사귀고 나면 헤아릴 수 없을 정도로 깊은 사람이다. 속을 잘 알 수 없는 사람일수록 사람들의 관심을 끌고 더 사귀고 싶은 마음이 든다. 사람과 사람의 교제는 실제로 접촉하면서 이뤄지고, 한두 번의 교제로 다 알 수 있는 사람은 매력 없는 사림이다. 만날 때마다 다른 느낌을 주고 다음에는 어떤 새로운 영감을 줄까 기대하게 만드는 게 진정한 매력이다.

Part 7

IDEAL

정확한 목표로 삶의 방향을 이끌어라

IDEAL

H A R V A R D

L I F E

C O U N S E L I N G

프랑스 철학자 몽테뉴는 “확고한 목표가 없다면, 그 영혼은 방황한다.” 라고 했다. 인생에서 이상과 목표가 없다면 가고 싶은 방향도 없다. 방향이 없으면 노력할 열정이 없고, 열정이 없으면 성공도 할 수 없다. 성공하고 싶다면 목표를 잘 설정해야 한다.

목표는 반드시 명확하고 실행 가능성이 있어야 한다. 두루뭉술하거나 비현실적이면 안 된다. 불확실한 목표는 목표가 없는 것과 같다.

01

멀리 보고 미리 준비하면 성공이 보인다

어떠한 일이든 사전에 준비돼 있으면 성공한다. 멀리 내다보는 만큼 큰 성과를 이룰 수 있고, 천 가지를 생각하는 사람은 만 리 밖을 내다볼 수 있으니 원대한 인생목표를 세울 수 있다.

중국의 오리 요리 프랜차이즈 주주야의 창업주 구칭은 2000년에 자신이 창업한 컨설팅회사가 문을 닫으면서 모아둔 모든 돈을 모두 배상금으로 토해냈다. 이후 슬럼프에 빠진 그는 어떻게 사업을 다시 시작해야 할지 나아갈 방향을 찾지 못해 괴로워했다. 구칭은 우울할 때마다 야보(중국 후베이성 우한시 특산품으로 오리 목에 양념을 버무린 간식)를 즐겨 먹곤 했다. 그때 불현듯 '어째서 이렇게 맛있는 간식을 파는 가게가 없고 모두 노점뿐일까?'라는 생각이 들어 새로운 사업 아이템으로 야보를 팔아보기로 했다.

그는 먼저 친구에게 50만 위안을 빌려 주주야 상표를 등록하고, 약 600평 규모의 공장을 임대했다. 그리고 냉동창고, 해동실, 찜실, 냉각실, 포장실 등의 공간을 모두 갖췄다. 그리고 통풍, 소독실, 에어컨 등도 국제 기준에 맞는 표준설계대로 잘 갖춘 후 야보 생산을 시작했다. 당시에 야보 가게를 차리는 사람은 없었기 때문에 시작은 순조로웠다. 2002년 상하이에 본점을 오픈했다. 그런데 개업 첫날 매출은 기대했던 것만큼 그다지 좋지 않았다.

구칭은 자신이 생산한 야보의 질이 좋기 때문에 팔리지 않을 거라고 전혀 생각지 못했다. 판매가 저조한 원인을 조사하던 중 얼마 지나지 않아 그는 가게 위치를 잘못 선정했다는 사실을 깨달았다. 본점이 있는 곳은 유동인구가 적은 편이었다. 구칭은 가게 위치를 재선정해서 새 가게를 오픈했다. 새로 오픈한 가게는 매일 야보 공급 부족 사태가 일어날 정도로 매출이 좋았다. 그래서 몇 개월 만에 상하이에만 20여 개의 체인점을 열 수 있었다. 이후 주주야는 베이징, 선전, 광저우 등 중국 대도시에도 개점되는 등 유명 브랜드가 됐다.

당시 야보를 좋아하는 사람은 많았지만 색다른 방법으로 판매에 투자하는 사람은 없었다. 그런데 구칭이 그 기회를 놓치지 않고 탁월한 선택을 한 결과 짧은 시간 내에 크게 성공을 거둘 수 있었던 것이다.

"앞일을 미리 생각하지 않으면 반드시 걱정거리를 만나게 된다."라는 중국속담이 있다. 미래를 내다보는 능력인 예견豫見은 발전을 부른다. **탁월한 예견능력을 가진 사람만이 나아갈 방향을 정확하게 보고 좋은 기회를 잡아 성공한다. 반대로 당장의 성공과 이익에만 급급**

한 사람은 장기적인 목표를 생각하지 못하고 기회를 잡지 못해서 경쟁의 승리자가 될 수 없다.

《포브스》의 편집장 스티브 포브스는 전 세계 부호들의 성공을 결산하다가 그들의 공통점을 발견했다. 선견지명, 부지런함, 꾸준함, 집중력, 비판 수용력, 용기 등이었다. 그중 선견지명과 꾸준함이 가장 중요한 비중을 차지했다.

미래를 내다보는 것이 선견지명이다. 깊게 생각하는 것은 선견지명의 필수 전제이자 목표를 실현하는 포인트다. 재테크에 능한 사람은 선견지명이 있기 때문이고, 사업 기회를 잘 잡는 사람도 선견지명이 있기 때문이다. 시기적인 징조를 잘 꿰뚫어서 사전에 대비를 잘하는 사람도 선견지명이 있다. 당신은 무엇을 어떻게 대비할 것인가? 지금 당장 고민하라.

Harvard Life Counseling

하버드대학의 의학 박사이자 미국 성공학의 대가 오리슨 스웨트 마든은 "꿈을 현실로 바꾸려면 반드시 세 가지 일을 해야 합니다. 첫째, 정확하게 예견하기. 둘째, 깊이 생각하기. 셋째, 실행에 옮기기입니다."라고 말했다.

정확한 예견은 정확한 행동의 필수 전제이자 목표를 실현하는 최대 관건이다. 정확하게 예견하면 마음속에 멋진 청사진이 생기고 하나의 성취에서 또 다른 성취로 나아가 더 높이, 더 멋진 경지에 오를 수 있게 한다.

02

원대한 꿈은 당신의 성능을 높여줄 건전지다

한 중학생이 작문시간에 종이 일곱 장에 빼곡히 자신의 꿈을 썼다. 그의 꿈은 커다란 방목농장을 소유하는 것이었다. 종이에는 6000평 규모의 농장에 마구간, 승마장 그리고 농장 가운데 120평짜리 호화주택을 배치한 꽤 자세한 설계도까지 그렸다. 하지만 선생님은 '불합격'이라고 말하면서 엄하게 나무랐다.

"이런 헛된 꿈은 이제 꾸지 마라. 넌 가난한 데다 든든한 배경도 없고 아무것도 없잖니. 방목농장을 하려면 땅도 사고, 말도 사고, 관리까지 해야 해서 많은 돈이 필요하단다. 말이 되는 희망 사항을 다시 써오면 그때 합격점을 주마."

그 학생은 며칠을 고민한 끝에 한 글자도 수정하지 않고 기존에 작성한 그대로 제출했다.

"불합격을 받더라도 꿈을 포기하지 않을래요."

20년 후, 자신의 꿈을 실현한 학생은 호화로운 대규모 농장으로 선생님을 초대했다. 학생이 직접 증명했듯 꿈은 운명을 바꿀 기회와 생명 가치를 실현할 원동력을 주었다. 꿈은 우리에게 행복감을 느끼게 해줄 최상의 방법이다.

프랑스의 미생물학자 파스퇴르는 "꿈을 가지는 건 매우 중요한 일입니다. 바라는 대로 추진하다 보면 상황이 따라오고, 상황을 처리하는 과정에서 성공이 따라오는 게 규칙입니다."라고 말했다. 이상과 목표가 없으면 나아갈 방향을 잃어버려서 성공에 이를 수 없다.

꿈이 있는 사람은 노력해야 할 목표와 확고한 인생목표가 있다. 필요한 게 무엇인지 잘 알며 그 어떤 방해에도 쉽게 동요되지 않는다.

원대한 인생목표는 자신이 발전할 방향을 가리키는 항로 표지이자 미래의 청사진이고 삶의 원동력과 정신적 지주로 작용한다. 목표를 향해 노력하는 과정에서 겪을 크고 작은 실패들은 경험이자 의지를 다질 초석이다. 노력하는 자를 쓰러뜨릴 난관은 아니다.

꿈과 목표를 정하고 계획을 세우기 전에 마음가짐을 정비해야 한다. 꿈만 크고 원대하게 가져서는 현실성이 떨어진다. 자신이 그에 맞게 노력할 각오가 돼 있는지, 꿈을 위해 자신의 잘못된 습관을 바꿀 자세는 갖추었는지 점검하고 꿈을 구체화시켜야 한다. 당장 이루겠다는 성급함보다 자신의 인생을 걸고 도전하는 단단한 내공을 가져야 한다. 계획하고 준비하는 과정에서 장애나 어려움도 감안해야 물러서지 않고 끝까지 밀고 나갈 수 있다.

꿈이 없으면 목표도 없고 행복은 더더욱 없다. 한 걸음 한 걸음 노력해서 꿈을 실현해야만 인생이 풍부해진다. 꿈을 계획하는 데 소홀히 하지 말자. 꿈이 가난하면 행복도 가난하다.

인생의 밑바닥에 처해 있을 때, 노력할 수 있는 원동력을 주는 건 꿈이다. 아직 꿈이 없어서 인생의 갈림길에서 배회하고 있다면 하루빨리 꿈을 계획하라. 꿈이 있는데 아직 실현하지 못하거나 어려움에 직면해 주저앉을 지경이라면, 그 꿈을 이루었을 때의 기쁨과 환희를 떠올려보자. 당신의 꿈은 바람에 무너지는 모래성이 아니다. 태풍이 휩쓸어도 끄떡없는 벽돌집의 견고함을 가져야 한다. 그로 인해 역경을 딛고 일어나는 인생 성공 스토리의 주인공이 될 수 있다.

Harvard Life Counseling

하버드대학 심리학 교수 네이더는 "희망은 우리의 고민을 덜어주고 현재 삶을 만끽하면서 인생의 청사진을 그릴 수 있게 해줄 귀중한 재산입니다."라고 말했다.

꿈은 희망이자 자신이 노력할 목표를 불러온다. 꿈은 가난하든 부유하든, 건강하거나 건강하지 않거나, 평민이든 귀족이든 상관없이 그 누구에게나 동등한 기회를 준다.

03

성공하는 삶에서 목표와 계획은 필수다

하버드대학에서 목표가 인생에 미치는 영향에 관한 실험을 했다. 실험대상은 지식수준, 학력, 생활환경 등 조건이 비슷한 청년들이었다. 실험 결과 27%가 목표가 없었고, 60%의 사람이 목표가 불분명했다. 10%는 분명하지만 단기적인 목표를 가졌고, 3%의 사람만이 분명하면서도 장기적인 목표를 제시했다.

25년에 걸친 실험 결과는 흥미로웠다. 분명하면서도 장기적인 목표를 가졌던 3%의 사람들만 25년 동안 단 한 번도 인생목표를 바꾸지 않았다. 25년 전에 세워둔 목표를 실천하기 위해 노력했고, 25년 후 그들은 자수성가하거나 사회에 영향을 주는 인물이 되었다.

분명하면서도 단기적인 목표를 가졌던 10% 사람들의 사회적 위치는 중상류층이었다. 변호사, 의사 등 각계각층의 전문가가 된 그들에게 나타난 공통적인 특징은 끊임없이 단기적인 목표를 세워서 실천한 것이다. 목표가 불분명했던 60% 사람들의 사회적 위치는 대부분 중하층이었다. 그들은 안정된 삶을 살고 있으나 특별히 눈에 띄는 성과도 없었다.

목표가 없던 나머지 27% 사람들의 사회적 위치는 하층이었다. 살면서 일이 잘 풀리지 않았고 자주 실직했다. 사회의 도움으로 겨우 생계를 유지하고 있었으나 남을 탓하는 것을 좋아하고 늘 이 세상은 불공평하다고 불평을 일삼았다.

3%의 사람은 인생목표를 위해 단기, 중기, 장기적인 인생계획을 세웠던 것에서 결국 큰 차이를 불러왔다. 현명한 사람들은 장기 목표를 단기 목표와 중기 목표로 세분화한다. 성공하는 삶에서 목표와 계획은 필수다.

1984년, 일본 도쿄 국제 마라톤 초청 경기에서 무명에 가까웠던 일본 선수 야마다 혼이치가 모두의 예상을 깨고 우승을 했다. 그는 자서전에서 놀랄 만한 성적을 얻어낸 비결에 대해 다음과 같이 말했다.

"매 시합 전에 차를 타고 시합 루트를 자세히 한 번 살펴봅니다. 길을 따라 눈에 띄는 표지를 머릿속에 저장해서 목표지점으로 설정하지요. 예를 들면, 첫 번째 목표지점은 은행, 두 번째 목표지점은 큰 나무, 세 번째 목표지점은 빨간색 건물, 이런 식으로 경주의 결승점까지 목표지점을 정하는 거예요. 경기가 시작되면 100m를 달리는 속도로 첫 번째 목표지점을 향해 달려가고, 첫 번째 목표지점에 도착하면 같은 속도로 두 번째 목표지점으로 달려갑니다. 40여 킬로미터의 경주 거리를 몇 개의 작은 목표로 나눠서 달려요. 이 방법을 알기 전에 내 목표지점은 40여 킬로미터 밖의 결승점이었기 때문에 10여 킬로미터 만에 지쳐버렸어요."

무슨 일이든 계획 없이 다급하게 착수하지 말고, 충분히 생각한 다음에 실행에 옮겨야 한다. 자신의 인생목표를 세우고, 계획을 잘 세운다고 해도 중간에 예상치 못한 변수가 일어날 수 있기 때문이다. 스스로 지치거나 중도에 포기하는 일이 생겨서는 안 된다. 충분히 생각하고 실행해 가는 과정에서 소기의 목적을 달성하고 그것으로 새로운 힘을 얻는 방법을 생각하자.

큰 목표보다 작은 목표를 실현하는 게 더 쉽고, 작은 목표를 완성했을 때 느끼는 성취감이 동기부여가 된다. 원대한 목표를 향해 가는 길에 수분 공급은 필수다.

Harvard Life Counseling

성공학의 대가 나폴레온 힐은 "인생은 하나의 기업이다. 기업의 발전을 위해 사업 계획서가 필요하듯 인생 역시 계획이 필요하다. 시기마다 다른 목표를 세워서 상황에 따라 단기, 중기적인 목표를 성취해 나가면 거뜬하게 자신의 인생 최종목표를 이룰 수 있다."라고 말했다.

단계마다 목표 계획을 세웠다면 계획한 진도대로 진행되고 있는지 점검하고 수정하며 미래의 방향을 예측해야 한다.

04

강점은 발휘하고 결점은 피하라

완전히 똑같은 사람은 존재하지 않는다. 일란성쌍둥이도 성격에서 차이를 보인다. 사람은 저마다 특징이 있고 잘하는 것과 못 하는 게 있다. 운동신경이 발달한 사람이 있고, 음악 감각이 있는 사람이 있고, 그림을 잘 그리는 사람도 있다. 농구 실력이 떨어지는 사람이 농구를 잘하는 사람보다 부족하다고 말할 수 없고, 음치도 노래를 잘 부르는 사람보다 부족한 사람이라고 말할 수 없다. **성공하려면 자신의 장점을 잘 발휘하고 단점을 피해야 한다. 장점을 내려놓고 부족한 영역에서 다른 사람과 비교하는 건 세상 사람들의 웃음거리가 될 뿐이다.**

꾸미는 걸 좋아하는 리나는 어릴 때부터 엄마 몰래 화장을 하곤 했다. 그녀는 가족들의 설득으로 교사가 되기로 결심했다. 하지만 교생

실습 중에 너무 화려하게 꾸몄다는 이유로 지도교사와 면담을 해야 했다. 그런 일이 몇 번 반복되자 리나는 교사가 되는 걸 포기하고 한 직업 전문학교에서 메이크업을 배우기 시작했다. 이일로 가족들과 충돌이 있었지만 2년 뒤 리나는 최고의 메이크업 아티스트로 인정받았고 돈도 많이 벌었다. 그때서야 가족들도 그녀를 다시 보게 되었다.

리나의 성공은 우연이 아니었다. 안정적이고 대우가 좋은 교직을 포기하고 새로운 업계에 뛰어든 건 단순한 용기로는 설명할 수 없다. 자신의 장점을 확실히 알고 활용한 것이 그녀의 성공비결이었다.

성공은 특정 방면에 장점이 있는 것과는 별개로 노력만으로도 충분히 이룰 수 있다고 반박하는 사람도 있다. 실제로 그 근거 사례는 차고 넘친다. 예술에 전혀 흥미가 없지만 가족들의 설득으로 예술학교에 진학한 아이도 졸업 후에 예술가로 활약한다. 숫자에 둔감한 사람도 가족들을 위해 회계 분야에서 일할 수도 있다. 일이 자기 적성에 맞지 않지만 오랜 시간 일하며 쏟았던 감정을 내려놓지 못하고 기존의 업무에서 최선을 다하는 사람들도 있다.

그중에는 높은 위치에 올라선 사람들도 있다. 그러나 정말로 성공이라고 부를 수 있을까? 이 성공을 위해 그 사람들은 얼마나 불필요한 대가를 치렀을까? 이는 당사자에게 확인해 보지 않아도 자신을 희생해서 얻어낸 결과일 것이다. 이 점은 인정하고 의지와 노력을 높이 산다. 의외로 인간은 다재다능하고 적응력과 책임감이 있어서 자신에게 주어진 일에 최선을 다한다. 그러나 삶의 만족도라는 것이 있다. 자신이 어떤 일을 하면서 보람과 희열을 느끼는 강도를 말하는데 일을 할수록 즐겁고 이루어낸 작은 결실에도 행복을 느끼는 분야나 일은 개인의 성향이나 자기 삶의 지향점에 따라 다르다. 사회적 성공만이 삶의 만족도를 최대치로 올려주지 않는다.

부단히 노력하면 성공한다는 사실을 완전히 부정할 순 없다. 그러나 자신의 장점을 활용할 줄 아는 건, 숙련된 요리사가 어떤 재료를 쓰고, 어떤 양념과 배합하고, 어떤 부위의 고기를 사용해야 맛있는 고깃국이 완성되는지 아는 것과 같다. 죽어라 일에 몰두할 줄만 아는 사람들은 음식을 할 줄은 알지만, 자신이 한 요리의 맛을 즐기지 못한다.

대부호 워런 버핏은 자신이 천재적인 투자자라고 생각하지 않는다. 평범한 사람이고 머리도 좋지 않기에 할 수 있는 일에 최선을 다할 뿐이라고 말했다. 그래서 그는 한 번도 자신의 능력 범위를 초과하는 일을 하지 않았다. 자신의 능력 범위를 초과하면 일의 추진력이 반감되고, 자신의 통제 범위를 넘어서면 강적들의 제물이 된다고 믿었기 때문이다.

이런 신념으로 그는 단 한 번도 자신에게 익숙지 않은 주식을 사들이지 않는다. 자신이 통제할 수 없다는 것을 잘 알기에 현혹하는 말을 들을 때나 유혹에 빠지려 들 때, 그는 자신에게 "다른 사람들은 사도되지만 나는 살 수 없는 주식이 있다."라고 경고한다. 이처럼 자신을 잘 알고 투자 충동을 통제했기에 워런 버핏이 주식 투자의 신화를 일궈낼 수 있었던 것이다.

자기 자신을 아는 것은 인생을 걸고 위대한 사업을 추진하는 것이다. 어떤 사람이 되고 싶은지, 어떠한 임무를 달성해야 하는지 안다는 걸 의미하기 때문이다. 자기 자신을 잘 알아야 더불어 살아가는 세상에서 본분을 다하며 편하게 살아갈 수 있다. 자신을 정확하게 알고, 객관적으로 평가하면 대인관계와 문제 해결, 사업의 발전과 멋진 삶을 살아가는 데 유익하다.

Harvard Life Counseling

하버드대학교 제22대 총장 애버트 로렌스 로웰은 "자신이 무엇을 할 수 있는지 아는 것도 중요하지만, 무엇을 할 수 없는지를 아는 것은 더욱 중요합니다."라고 말했다.

장점은 잘 발휘하고 단점으로 다른 사람의 장점과 경쟁하지 말자.

05

기대치를 너무 높이면 행복이 빠져나간다

사람의 욕심은 끝이 없다. 더 많이 더 좋은 것을 갖길 기대하고, 끊임없이 늘어나는 허영심을 충족시키는 삶을 기대한다. 하지만 더 많이 가지려 하면 할수록 짊어져야 할 것들도 많아진다. 욕망이 늘어나면 고민도 늘어나는 것이다.

어릴 때부터 피아노를 배운 리어가 가장 좋아하는 음악가는 베토벤이었다. 음악에 재능이 많았던 그는 제2의 베토벤이 되기로 결심했다. 하지만 나이가 들면서 자신에게 난청이 있다는 사실을 알게 되자, 자신이 베토벤의 환생이라고 굳게 믿고 끝까지 피아노를 배우는 데 열중했다. 모든 사람이 리어의 노고와 창작 재능에 탄복했지만, 그는 만족하지 못했다. 듣기에 결함이 있다는 사실은 극복할 수 없는 현실이었고, 베토벤과의 수준 차이도 극명하게 드러났다. 격차를 줄이기 위해 남들보다 몇 배는 열심히 해야 한다는 생각에 자꾸만 고통 속으로 빠지게 됐다.

리어는 주변 사람들로부터 노력과 재능을 인정받을 만큼 충분히 잘하고 있었지만, 지나치게 높은 기대로 심적 고통을 받았다. '기대'가 그를 발전할 수 있게 이끌었지만, 지나치게 강렬한 기대는 그를 고통스럽게 만드는 '학대'가 된 것이다.

우리는 리어처럼 충분히 잘하고 있음에도 불구하고 자신은 더 비범한 능력을 갖췄다고 생각한다. 그래서 노력하면 지금보다 더 높은 자리에 오를 수 있다고 기대한다. 그러다 기대가 지나쳐서 영원히 만족하지 못하고 자신에게 계속해서 실망한 채 자신이 가진 모든 능력을 부정해버린다.

지나친 욕망은 이미 정해진 삶의 규칙과 방식을 망가뜨리고 방향을 잃게 만든다. 우리는 망상으로 신의 영역을 넘나들지만 우리에게 진정으로 필요한 것은 자신에게 적합한 발전 설계도다.

전설에 따르면 지네는 원래 뱀처럼 땅에서 기어 다니는 동물 중 동작이 매우 민첩한 절지동물이었다. 다리가 긴 다른 동물들이 땅 위를 빠르게 달리는 것을 부러워한 지네는 상제에게 다리를 더 만들어달라고 부탁했다. 상제는 지네의 요구를 들어주었다. 다리가 많아졌다는 기쁨에 달릴 준비를 했지만, 다리들이 서로 조화를 이루지 못해 움직이는 속도는 예전보다 더 느려졌다.

우리가 바라던 것을 손에 넣을 때 확실히 더 많은 행복을 얻었는지, 상상했던 그 행복이 맞는지를 돌아보자. 사람은 행복할 땐 그 행복을 느끼지 못하다가 잃고 나서야 후회한다. 안타깝게도 우리 인생은 다시 되돌릴 수 없다. 당신이 이미 가진 행복에 만족하지 못하고 포기하면 삶은 당신에게 더 이상 행복의 공간을 내주지 않는다. 망상은 이미 가진 것을 망각하고 좀 더 많이 남부러운 것들을 요구하지만, 결론적으로 아무것도 얻은 게 없다.

우리가 손을 펴서 더 많은 행복을 쥐려고 할 때, 행복은 우리 손가락 틈 사이로 빠져나가 다시 돌아오지 않는다. 그러니 자신이 원래 갖고 있던 행복을 귀하게 감싸자. 자신의 권한 내에서 얻을 수 있는 행복을 찾고, 주어진 행복에 만족해야 한다. 더 많은 것을 얻으려고 명예와 이익의 유혹에 사로잡힐 때 "이미 충분해."라고 단호하게 말하자.

하버드대학 박사이자 경제학자 폴 새뮤얼슨은 '행복=가치/욕망'이라는 행복방정식을 내놓았다. 가치란 경제력을 가리키고, 욕망은 요구사항을 가리킨다. 개인 능력은 단기간 내에 크게 오를 수 없고, 단시간 내에 크게 달라질 수 없기 때문에 행복감은 언제나 욕망에 비해 작다. 우리가 행복할 수 있는 방법을 배워서 욕망이 비대해짐을 막는다면 즐겁고 행복하게 살아갈 수 있다.

Harvard Life Counseling

하버드대학 사회심리학 교수 대니얼 길버트는 "사람의 상상 속 미래는 현실과 편차가 있어서 기대가 클수록 행복감에 영향을 준다."라고 말했다.

기대는 지극히 정상적인 일이다. 그러나 기대치를 너무 높이면, 현실과의 격차가 발생한다. 이 격차로 인해 충분히 좋은 일로도 행복감을 느끼지 못할 수 있다.

06

생각을 행동으로 옮길 때 망설이지 마라

러시아의 시인 이반 크릴로프는 "현실은 이승이고, 이상은 극락이다. 이승과 극락 사이에 물살이 급한 강이 흐르고, 행동은 강 위에 세워진 다리다."라고 말했다. 상상의 힘이 위대하다고 해도 행동이 뒷받침되지 않으면 발전할 수 없다. 더없이 좋은 생각도 행동으로 옮겨야 생명력을 갖는다. 좋은 아이디어가 있지만 실행하지 않으면, 당신은 평생 성공하지 못하는 공상가에 불과하다.

어릴 때부터 한마을에서 나고 자란 피터와 카터는 속마음까지 다 털어놓는 둘도 없는 친구였다. 그들이 사는 마을은 물이 나오지 않았기 때문에 마을에서 멀리 떨어진 곳에서 물을 길어 와야 했다. 피터와 카터도 20년 동안 그렇게 해왔다. 마을 사람들은 이 상황을 바꾸려고 생각만 했을 뿐 아무도 행동으로 옮기지 않았다.

이런 상황을 바꾸고 싶었던 카터는 피터에게 말했다. "피터, 파이프라인을 설치해서 물을 이 마을까지 끌어오면 어떨까? 그러면 번거롭게 물을 길어오지 않아도 되잖아." 피터는 마을 사람들처럼 카터도 그냥 지나가는 말로 하는 줄 알고 아무 생각 없이 허락했다가 진심이라는 걸 깨닫고 약속을 취소했다.

"카터, 난 파이프라인 설치가 싫은 게 아니라 이일은 너무 벅차다고 생각해. 계획도 필요하고, 파이프도 사야 하고, 집집마다 수도관도 설치해줘야 돼. 그런 게 너무 번거롭지 않아? 게다가 잘못하면 파이프라인을 설치하다 다칠 수도 있어."

피터의 말을 들은 카터는 꿋꿋하게 말했다.

"우리가 이 문제를 고민만 했기 때문에 평생 물을 길어 와서 마시는 거잖아. 난 누가 뭐라 해도 파이프라인을 설치하고 말 거야!"

파이프라인 설치는 매우 힘든 작업이었다. 몇 개월이 지나도 별다른 진전이 없었지만, 카터는 포기하지 않고 매일 밤과 주말에 파이프라인을 설치했다. 힘들기도 했고 사람들의 이해를 받지 못했지만, 오늘의 행동으로 자신의 꿈이 반드시 실현될 것이라고 끊임없이 자신을 일깨웠다.

마침내 파이프라인이 완공됐다. 마을 사람들이 몰려와 파이프라인에서 물이 흐르는 걸 봤다. 물을 길어오던 역사가 끝난 것이다. 마을 사람들은 카터를 기적의 창조자라고 불렀고 시장도 특별히 찾아와 격려해주었다. 하지만 후회에 빠진 피터는 감히 카터를 보러 가지 못했다.

카터의 성공은 생각한 일을 행동으로 옮겼기 때문이다. 의외로 사람들은 목표가 있어도 행동하려 하지 않는다. 행동하지 않는 자신의 어리석음을 깨닫지 못하고, 자신의 과거 탓으로 돌리거나 통제 불가능한 운명을 탓한다.

야망이 없는 사람은 행동력이 강하지 않다. 꿈은 있는데 행동에 옮기지 않는 사람의 끝은 당연히 실패다. 실행만이 삶에 원동력과 즐거움과 목표를 부여한다. 사회는 생각과 감정이 아닌 성과로 개인의 가치를 정한다. 생각만 하고 행동으로 옮기지 않는다면, 어찌 당신의 능력을 보여줄 수 있겠는가?

Harvard Life Counseling

마이크로소프트 기술고문 빌 게이츠는 "성공은 생각으로 시작하지만, 행동으로 옮기지 않으면 성공할 수 없습니다. 지금 바로 행동하고 실천하세요."라고 말했다.

성공을 갈망한다면 시간을 허비하지 말고 즉시 행동에 옮겨라. 계획이 당신이 성공하도록 도와주지 않는다. 성공한 인생은 실행이 하루하루 쌓여서 이뤄진 것이다.

과거를 지배하는 자가 미래를 지배하며,
현재를 지배하는 자가 과거를 지배한다.

조지 오웰

Part 8

TIME

한정된 시간에 많은 일을 완성하라

TIME

H A R V A R D

L I F E

C O U N S E L I N G

하버드대학 시간관리 프로젝트 연구 결과 80%의 사람은 자신이 무엇 때문에 바쁜지 모른다는 사실을 발견했다. 그들은 시간을 관리하는 법을 모르고, 제한된 시간을 적절하게 계획할 줄 몰랐으며, 온종일 여기저기 바쁘게 뛰어다니기만 했다. 업무에서도 우선순위가 무엇인지 모르기 때문에 아무런 업무성과도 없었다.

반면 성공한 인사들은 시간관리법을 잘 알아서 자신의 시간을 여유 있게 조절했다. 그들은 하루에 해야 할 일이 무엇인지 정확하게 알았고, 지금, 오늘, 내일, 다음 달, 내년에 무슨 일을 해야 하는지 분명히 알고 있었다. 이것이 시간을 흐르는 대로 그냥 놔둬서는 안 되는 이유다.

01

시간은 당신이 과소비할 사치품이 아니다

스위스 빈터투어의 시계 박물관에는 "당신이 시간의 걸음을 따라 간다면, 세상에 이름이 알려지지 않을 것이다."라는 철학 문구가 새겨진 시계가 있다.

인류 과학기술 발전의 역사를 펼쳐보면, 발명과 창조는 시간을 절약하기 위함이었음을 알 수 있다. 기차는 마차를 대체했고, TV는 극장을 대체했고, 컴퓨터와 레이저의 등장 등은 모두 시간을 절약하고 시간을 얻기 위해 탄생했다.

시간은 손에 쥘 수 없고 더 만들어낼 수도, 저장해둘 수도 없어서 소중하다. 삶이란 시간을 소모하는 과정이지만 사람마다 부여받은 시간이 다르고 활용하는 방법도 다르다.

분으로 시간을 계산하는 사람은 시간으로 계산하는 사람보다 59배의 시간이 있다. 초로 시간을 계산하는 사람은 분으로 계산하는 사람보다 59배 시간이 있다. 시간을 아끼는 사람들은 이런 방식으로 시간을 끊임없이 늘려 사용한다.

벤저민 프랭클린은 하버드대학을 졸업한 발명가이자 과학자다. 어느 날 한 청년이 다급하게 만나고 싶다는 전화를 걸어왔다. 프랭클린은 청년의 부탁을 들어주고자 만날 시간과 장소를 정했다. 약속된 시간이 되자 청년은 프랭클린의 방문을 세게 두드렸다. 프랭클린의 방을 본 청년은 깜짝 놀랐다. 방 안이 너무 지저분했기 때문이다. 청년이 뭐라 말하기도 전에 프랭클린이 먼저 입을 열었다.

"방이 상당히 지저분하죠? 금방 치울 테니 밖에서 1분만 기다렸다 들어오세요."

말을 끝낸 뒤 바로 방문을 닫았다. 1분도 채 되지 않아 프랭클린은 다시 방문을 열어 청년을 거실로 안내했다. 놀랍게도 방 안이 잘 정돈되어 있었으며, 탁자 위에 와인 두 잔이 놓여 있었다. 놀라 어안이 벙벙해진 청년이 인생과 사업에 대한 이야기를 꺼내지 못하고 있자, 프랭클린이 와인 잔을 건네면서 다 마신 뒤 돌아가도 좋다고 말했다.

와인 잔을 손에 쥔 청년은 난감하면서도 불만이 가득 담긴 목소리로 말했다.

"아직 아무런 질문도 하지 못했습니다."

"이걸로 부족한가요?"

얼굴에 미소를 띤 프랭클린이 방을 휙 둘러보며 말했다.

"그럼 1분 있다 다시 들어오실래요?"

"1분이라고요!" 청년은 무언가 깨달은 바가 있다는 듯 말했다.

"이제 알겠습니다. 선생님께서는 1분 동안 많은 일을 처리할 수 있고, 상황을 바꿀 수도 있다는 걸 제게 알려주시려는 거였군요."

하버드대학의 교수들은 학생들에게 1분을 잘 활용하면 목표를 이룰 수 있다고 말한다. 살아가면서 우리는 예기치 못한 일들에 휘말리고, 그 일들은 기분을 망가뜨리기도 한다. 그렇다고 망가진 기분에 너무 많은 시간을 낭비해버리면 삶은 걱정 이외에 아무것도 남지 않는다.

한 사람이 성공할 수 있는지는 시간을 대하는 태도와 관련 있다. 성공하고 싶다면, 합리적인 시간관리의 기준을 세우고, 자신에게 부합하는 시간표를 만들고, 시간을 적절하게 계획하고 계산하라. 그러기 위해 첫째, 분명한 목표가 있어야 한다. 목표가 없으면 시간은 아무런 의미 없이 당신의 곁에서 떠나버린다. 둘째, 명확한 시간관리 과정이 있어야 한다. 없다면 최소한 정기적으로 검사라도 하자. 그래야만 시간을 관리하는 데서 발생한 문제를 즉각적으로 발견하고, 문제를 해결할 수 있다.

Harvard Life Counseling

하버드대학의 도서관에는 "지금 잠을 자면 꿈을 꾸지만, 지금 공부하면 당신은 꿈을 이룬다."라는 문구가 있다.

인생은 짧다. 한 번밖에 살지 못하는 인생에서 시간은 사치품이 아니다!

02

시간은 활용을 잘할수록 진가를 드러낸다

공부나 업무를 할 때 자신의 상태가 좋지 않거나 업무 내용이 가치가 없고 시간낭비라고 생각이 들면, 아무리 집중하려 해도 억지로 일하는 기분이 들어 휴대전화를 만지작거리는 등 자꾸만 무의미한 행동을 하게 된다.

효율이 낮으면 쓸데없이 시간과 체력을 낭비하게 된다. 이를 심리학에서 '불가치 법칙'이라고 부른다. 불가치 법칙의 피해자가 되고 싶지 않다면, 집중해서 효율적으로 임하고 무의미한 행동은 피하자.

브라이트만은 대학 졸업 후 유명한 글로벌 기업에 취업했다. 똑똑하고 영리한 그녀는 얼마 지나지 않아 팀장 비서로 승진했다. 열심히 업무에 임하는 그녀를 동료들도 무척 좋아했다. 회사에서 하는 일마다 순조롭게 진행되자 기분도 홀가분했다.

브라이트만은 같이 졸업한 동기들 중 가장 뛰어났기 때문에 몇몇 친구들이 전화로 업무에 관련된 일을 문의했다. 전화가 올 때마다 그녀는 싫은 내색 없이 친절하게 방법들을 제시해 발생한 문제들을 해결해주었다. 이렇게 되자 자신의 본래 업무에 집중할 수 없는 상황도 발생했다. 그녀의 이런 행동이 동기, 친구, 회사 직원들의 업무능력을 향상시키는 데는 도움이 될지언정, 정작 자신에게는 아무런 소용이 없었다. 이런 일들이 계속되면 회사와 그녀 자신의 발전에 악영향을 미칠 것이라고 팀장이 지적하기에 이르렀다.

하지만 이렇게 하지 않으면 친구들에게 왠지 미안해질 것 같아 바쁜 중에도 친절하게 그 일들을 처리해주었다. 그러던 어느 날 회장이 사무실에 전화를 걸었는데 계속 통화 중이었다. 회장의 전화 내용은 팀장이 회의에 참석해서 중요한 계약을 체결하고 오라는 지시였다. 30분이 지나서야 겨우 통화가 됐는데, 계속 통화 중이었던 이유는 브라이트만이 다른 사람들을 돕는 비효율적인 일 때문이었다.

회장은 브라이트만에게 팩스를 보냈다.

"자네는 확실히 능력이 뛰어나고 열심히 일하지만, 정작 본인이 해야 하는 업무가 무엇인지, 어떤 일들이 비효율적인지 제대로 파악하지 못하는 것 같네. 나는 내 직원이 효율적인 업무에 집중하는 사람이길 바라네."

결국 브라이트만은 해고됐다. 이후 이 회사의 면접 질문에는 "어떠한 업무가 효율적이라고 생각하는가?"라는 내용이 추가됐다.

중요한 일을 하느라 바쁜 사람들은 일을 처리하기 전에 그 일이 효율적인지 먼저 확인한 다음에 최선을 다해 일을 끝마친다. 모든 사람들은 자신의 시간을 적절하게 배치하고, 가장 중요하고, 가장 효과적인 업무를 처리하는 데 최대한의 체력을 투자한다. 업무에서 뛰어난 성과를 얻길 바라는 사람들이라면 더욱 그래야 한다. 최대치의 힘으로 가장 효율적인 업무를 처리하고, 집중하려면 먼저 자신의 집중력이 가장 잘 발휘되는 시간을 찾아야 한다.

하버드대학 시간관리 전문가들은 합리적으로 시간을 분배하는 것은 효율적인 업무에 뛰어난 성과를 바라는 사람들에게 특히 중요하다고 말했다. 다른 사람의 시간표에 따르지 말고 자신만의 시간표대로 업무에 임하자. 시간관리에 능할수록 효율적인 업무에 집중하고 자신의 인생을 주재할 수 있다.

Harvard Life Counseling

학습 방법을 매우 중시했던 하버드대학의 교수들은 "배움을 하나의 산봉우리라고 한다면, 과학적인 방법은 산봉우리를 오르는 지름길입니다."라고 말했다.

효율적인 업무에 집중하지 못한다면 자신이 하는 행동이 무의미한 일에 집중된다. 보다 의미 있는 행동에 시간을 투자하자.

03

미루는 습관은 시간을 훔치는 도둑이다

하버드대학 심리학 교수 니콜라스 레드는 “자신의 목표를 실현하고 성공에 이르려면 절대로 미루지 말고 바로 행동해야 합니다. 행동하지 않으면 성공의 기회를 잃을 것입니다.”라고 말했다.

미루는 사람들은 “아무리 재촉해도 소용없어. 때가 되면 내가 알아서 할 거야.”라고 말하며 스트레스를 받는다는 이유로 해야 할 일을 계속해서 미룬다. 미루는 행위가 가져올 진정한 손해와 위험을 인지하지 못하고 늘 데드라인까지 미뤘다가 급하게 끝내는 것이다. 그리고 “다른 사람의 5분의 1도 안 되는 시간으로 더 좋은 결과를 얻었으니 얼마나 대단해!”라고 말하며 개인의 허영심도 채운다.

그는 정말 능력자일까? 3일 만에 완성할 수 있는 일이 있다. 미루는 사람은 마감 6일이 남아있을 때까지 전혀 조급해하지 않다가 이틀 반 정도 남았을 때 다급하게 일을 시작한다. 시간상의 긴박함과 초조함은 미루는 습관이 있는 사람의 투지를 자극한다. 단기간 내에 긴장하고 집중하기 때문에 신경이 흥분돼서 효율도 매우 높다. 이 때문에 자기 자신은 압박이 있는 상태에서 생각이 트이고 일을 더 잘 처리할 수 있다고 착각하는 것이다.

무의식중에 "역시 나는 주기가 짧고, 긴장된 상태에서 일해야 해."라는 심리가 커져서 무슨 일이든 최대한 나중으로 미룬다. 그러나 그들이 잊은 게 있다. 바로 "실패(실수)의 확률과 신뢰를 잃을 수 있다."라는 위험요소다. 급히 먹는 밥이 체한다고 했다. 긴박함에 서두르다 보면 실수하게 마련이다. 다시 반복해서 체크할 수 있는 여유는 자신의 실수를 커버할 수 있고 정해진 시간 안에 일을 완수한다면 어떤 일이든지 믿고 맡길 수 있는 사람이 된다.

성공한 사람은 시간 개념이 분명하다. 모든 성공은 한순간에서 시작되고, '다음의 성공'은 영원히 꿈과 환상 속에만 존재한다. 우리 인생에는 그렇게 많은 내일이 없다. 미루는 습관은 아무것도 이루지 못하게 만든다. 성공하고 싶다면 결단을 내리고 강한 자기 통제 능력으로 바로 행동으로 옮기는 실행력을 보여야 한다.

하버드대학 심리학자의 최신 분석 결과는 완벽주의 때문에 사람들이 미룬다고 말한다. 모든 일을 완벽에 가깝게 처리하려고 한 번 할 때 급하게 시작하지 않고, 모든 준비가 된 후에야 시작한다는 것이다. 그렇지만 미룬다고 더 완벽해질 수는 없다.

현재 상황이 적당히 괜찮다면 시작하자. 업무 도중에 조금의 발전이 있을 때마다 "조금의 실수도 없는 건 불가능해."라고 말하며 자신을 다독여라. 위대한 작가, 시인, 예술가들은 조금씩 천천히 그들의 걸작을 완성했다. 당신도 천천히 조금씩 하면 된다. 훌륭하게 임무를 완성해내지 못하면 다른 사람들의 평가를 기꺼이 받아들이고 자신을 격려하라.

Harvard Life Counseling

하버드대학 도서관에는 "오늘 할 일을 내일로 미루지 마라."라는 글귀가 있다. 하버드대학의 명예 학생인 벤저민 프랭클린이 한 말로 당신이 기르는 시간 도둑 '미루는 습관'을 완전히 없애려면 바로 처리하는 습관을 들여야 한다는 속뜻을 내포하고 있다.

오늘 할 일을 내일로 미루는 습관은 시간만 헛되이 보내게 한다는 걸 기억하자.

04

시간계획은
미래의 청사진을 현실로 만든다

하워드 가드너 박사의 제자 중에 똑똑하고 영리하지만 태도가 산만한 학생이 있었다. 그는 낮은 학습효율 때문에 괴로웠다고 한다. 그러한 그 학생을 변화시킨 방법을 알려달라는 인터뷰에서 박사는 이렇게 말했다.

"저는 아무 말 없이 그 학생을 도서관으로 데리고 가서 '계획이 없으면 실패한다.'라는 문구를 보여줬습니다. 문득 깨달은 바가 있는 듯 고맙다는 말도 잊은 채 어디론가 달려가더군요."

당시를 회상하던 하워드 교수는 흐뭇한 미소를 지으며 말을 이었다

"그 학생은 학습계획이 생긴 후 다른 사람이 됐어요. 매일, 매주, 심지어 매달 학습해야 할 내용에 맞춰 학습시간을 계획했고, 자신에게 엄격하게 적용했지요. 성적이 눈에 띄게 올랐습니다."

정확하게 시간을 계산하고 합리적인 시간계획을 세우는 것은 자기 미래의 청사진을 매일 그리는 것과 같다. 계획적이고 단계적으로 착실히 학습하면 시간과 체력 낭비를 줄여 최대한 빠르게 목표에 도달하게 한다. 상세하고 확실한 시간계획은 성공을 갈망하는 사람이 반드시 해야 하는 일이다.

시간계획을 세울 때 낭비하는 요소를 제거하고 싶다면, 업무에서 중요한 점을 순차적으로 정리해야 한다. 막중하고 중요한 업무가 시간소요가 많이 된다면 비교적 간단한 일부터 처리하고, 주요 업무를 한다든지, 두 가지 일을 동시에 할 수 있는 업무라면 묶어서 한꺼번에 처리할 수 있게 계획을 세운다.

혼자 처리하는 일이 아닌 누군가의 협력이 필요하다면 문자나 메신저로 먼저 원하는 시간을 확보해놓아야 한다. 일반적으로 시간을 잡아먹는 요소는 자기 자신에게 있고, 자신을 단속하는 방법을 세우면 더욱 순조롭게 진행할 수 있다.

이상적인 계획을 세우기 위해 하루의 모든 활동을 열거하는 것만으로는 부족하다. 이 기초 위에 자신의 실제 상황에서 항목마다 필요한 시간을 추산해야 한다. 이때 몸의 컨디션도 고려해야 할 대상이다.

초보자들은 업무의 숙달 정도나 처리능력 등 자신의 상황에 맞추어 시간을 배정해야 한다. 무조건 많은 업무를 한다고 해서 좋은 것은 아니다. 업무처리에 있어서 양보다 질이 당신의 능력을 판가름해준다. 시간에 쫓기어 대충 끝내는 일이 없도록 충분한 시간을 확보하는 것이 실수하지 않는 비결이 된다.

계획을 세우면 자신에게 엄격해야 하고 정해놓은 시간을 꼭 지키도록 해야 한다. 그래야 더 효율적으로 외부의 방해를 막아내고, 장기적인 실천 과정에서 더 많은 잠재력을 발휘할 수 있다. '잠깐'이라는 개념의 1분 1초를 낭비하면 균열이 있는 물통의 밑바닥에서 물이 새는 것처럼 보이지 않게 시간이 빠져나간다. 그리고 당신은 다급해진다. TV 시청, 게임처럼 급하지 않은데 시간을 낭비하는 일은 뒤로 미뤄도 된다. 상황을 잘 살펴 합리적으로 시간을 계획하자. 시간 지나고 난 뒤에 후회한다면 당신만 답답할 뿐이다.

Harvard Life Counseling

성공한 사람들은 모두 시간을 소중히 여기고 아낀다. 시간 분배를 잘해서 하루를 24시간 이상으로 활용하는 것이다.

05

자투리 시간은 남아도는 시간이 아니다

자투리 시간이란 연속되지 않는 시간 혹은 두 가지 업무가 맞물리는 사이에 비는 시간으로 남는 시간, 여분의 시간이라는 개념으로 사람들이 쉽게 무시하는 시간이다. 그러나 사업에서 성과를 거둔 사람들은 자투리 시간을 효율적으로 활용한다. 시인이자 소설가이자 피아니스트인 애리스톤이 바로 그런 사람이다.

애리스톤은 콜롬비아대학에서 강의하고 남는 시간에 문예창작을 하고 싶었다. 하지만 수업하고, 시험지를 보고, 회의에 참여하는 데 거의 모든 시간을 쓰고 있었다. 2년 동안 이런 생활이 이어졌고, 그동안 애리스톤은 글을 쓰지 못했다. 글을 쓸 시간이 없다고 생각했기 때문이다. 그는 자투리 시간을 이용해야겠다고 결심했다. 그때부터 5분 정도의 시간이라도 있으면 앉아서 글을 썼다.

애리스톤은 자투리 시간을 여러 번 사용하여 장편소설을 써냈다. 매일 눈코 뜰 새 없이 바빴지만, 잠깐의 틈은 있었다. 자투리 시간을 이용해 소설을 쓰고 피아노 연습도 계속했다. 그의 삶은 피아노와 문예 창작을 하면서 더욱 풍요로워졌다.

자투리 시간은 현명한 사람에게는 선물이고, 삶을 치열하게 사는 사람에게는 사치고, 어리석은 사람에게는 의미 없는 시간이다. 시간 활용률을 높이고 싶으면 흩어진 자투리 시간을 한데로 모을 줄 알아야 한다. 평일에는 자투리 시간 없이 일하고, 주말이나 공휴일의 시간을 충분히 이용해보자. 1년 동안 쌓으면 매우 긴 시간이다.

영국의 소설가 에밀리 브론테는 소설 《폭풍의 언덕》의 감동적인 스토리로 많은 독자에게 감동을 주었다. 그러나 이 책이 어떻게 탄생했는지 아는 사람은 별로 없다. 가난한 가정에서 태어나 어릴 때부터 집일을 도맡았던 브론테는 아침부터 밤까지 여유 시간이 거의 없었다. 글 쓰는 것을 좋아했던 그녀는 어떻게 해야 집안일에 영향을 주지 않으면서 글쓰기를 계속해나갈 수 있을지 고민하다 '짬 내기'라는 결론에 도달했다.

그녀는 밀가루를 반죽하다가 갑자기 반죽을 내려놓고 주머니에서 연필과 종이를 꺼내 다급하게 무언가를 쓴 뒤 다시 밀가루를 반죽했다. 머릿속에 영감과 아이디어가 떠오를 때마다 고개를 숙이고 글을 썼다. 가랑비에 옷 젖는 줄 모른다는 말처럼 짬을 내서 쓴 글에서 세계적인 명작이 탄생한 것이다.

하버드대학 시간관리연구원은 시간을 효율적으로 이용하는 사람은 자투리 시간을 충분히 이용해 학습 효율을 최대로 높인다고 했다. 자투리 시간도 알차게 이용할 줄 아는 사람이면 그가 지닌 삶의 가치는 훌륭하다고 할 수 있다. 한두 번 자투리 시간을 활용해놓고 어떤 성과가 없다고 단정 짓지 말고 자신에게 주어진 짧은 시간들을 이용해 무엇을 할지 고민해보자. 하고 싶지만 시간이 없어서 못 한다고 핑계 댄 것들을 살펴보면 답이 나올 수 있다.

사람을 기다리는 시간, 줄을 서서 차를 기다리는 시간, 밥 짓는 시간 등이 모두 자투리 시간이다. 넋 놓고 그 시간을 흘려보내지 말고 이용할 방법을 찾자. 스트레칭이라도 해보라. 출근 지하철에 앉아 신문을 보는 건 어떤가?

Harvard Life Counseling

벤저민 프랭클린은 "공을 세우고 업적을 쌓을 수 있는 사람은 많지만, 얻기 힘든 시간을 가볍게 놓쳤기에 세상에 이름을 알리지 못했다."라고 말했다.

모든 사람에게는 똑같은 시간이 주어진다. 시간을 모을 줄 모르는 사람은 온종일 바쁘기만 하고 아무것도 얻지 못한다. 보잘것없어 보이는 5분, 10분을 함부로 낭비하지 말자. 그 짧은 시간으로 위대한 성과를 낼 수 있다.

06

믿음을 얻고 싶다면 철저한 시간관리를 하라

성공한 사람들은 시간관념이 투철하다. 나폴레옹이 오스트리아와의 전쟁에서 이길 수 있었던 건 오스트리아 사람들이 5분의 가치를 몰랐기 때문이다. 촌각을 다투는 전쟁터에서 군사행동은 신속해야 하고 꾸물거리는 순간 패한다. 위기의 상황에서의 5분은 500분에 해당한다. 철저한 시간관리가 경쟁에서 우위를 점할 수 있다.

미국 억만장자 코닐리어스 밴더빌트는 해운업과 철도산업으로 많은 재산을 모았다. 어느 날 자신에게 직업 소개를 부탁한 청년과 10시에 사무실에서 만나기로 약속했다. 이날 밴더빌트는 마침 직원이 필요했던 계열사 철도산업 대표에게 청년을 소개해줄 예정이었다. 청년은 10시 20분에 사무실에 도착했지만, 밴더빌트는 이미 다른 볼일 때문에 외출하고 없었다.

며칠 후 청년이 밴더빌트에게 다시 약속을 청했지만 지난번에 왜 오지 않았냐는 대답이 돌아왔다.

"저는 10시 20분에 갔었어요."

청년은 항변했지만 밴더빌트는 바로 그를 일깨웠다.

"나와 약속한 시간은 10시였소!"

"알고 있습니다. 그렇게 많이 늦은 것도 아니잖아요."

이에 밴더빌트는 엄격하게 말했다.

"약속 시간을 지키는 건 그 사람을 시험하는 매우 중요한 기준이오. 당신은 제시간에 오지 않았기에 일자리를 잃었소. 그날 철도산업의 대표는 다른 사람을 고용했으니 말이오. 그리고 한 가지 일러주자면, 자네는 내 20분의 가치를 무시하고 고생스럽게 기다리게 만들 권리는 없소. 난 지금도 서둘러 다른 중요한 약속을 지키러 가야 하네."

시간을 지키지 않아서 성공할 기회를 잃은 사람은 많다. 시간을 지키지 않는 사람의 신용도는 낮으며 아무리 성실하더라도 시간을 지키지 않는 것의 부정적인 영향을 보완할 수 없다. 시간을 잘 지키는 것만큼 당신의 신용도를 올리는 방법도 드물다.

펩시콜라 CEO 칼렙 브래드햄은 창업 초반에 강연을 끝낸 후 한 유통업자와 만나기로 약속했다. 강연 반응이 좋은 나머지 흥이 오른 그는 약속을 잊고 강연을 이어갔다. 유통업자의 쪽지를 전달받았을 때야 자신의 실수를 깨닫고 그 자리에서 관중들에게 사과하고 강연을 중단했다.

"제 강연을 들으러 와주셔서 감사합니다. 여러분과 더 이야기를 나누고 싶은 게 많지만, 약속에 늦어버렸습니다. 지각은 이미 무례한 행동이고 저는 약속을 어겼습니다. 양해 부탁드리며 여러분의 행복을 빌겠습니다!"

급작스런 강연의 마무리였지만 칼렙은 '시간을 지키고 약속을 지키는 사람'으로 인식되었고, 그 자리에 있던 모든 사람으로부터 박수갈채를 받았다.

펩시콜라가 단기간에 세계적인 음료 회사가 됐던 것은 시간을 지키고 약속을 지키는 경영자의 태도와 밀접한 관련이 있다고 본다. 성공하고 싶은 사람은 어떠한 약속이든지 합의하에 시간을 정했다면 꼭 지켜야 한다.

시간관념이 없는 사람은 신뢰와 존중을 잃을 뿐만 아니라 자신의 계획과 목표도 지체시킨다. 당신이 빈둥거릴 때 기회는 시간을 소중히 여기는 사람에게로 가버린다.

Harvard Life Counseling

"시간을 정확하게 지키는 건 필수적인 습관입니다. 시간을 지키지 않는 사람은 신뢰할 수 없습니다."

하버드대학 교수들의 시간에 관한 철학이다. 시간을 지키는 건 업무의 기본 요구로 시간관념이 없는 사람은 주위 사람들에게 신뢰를 주기 힘들다. 시간을 지키는 건 습관이자 책임이다. 스스로 '시간'의 개념에 철두철미해져야 한다.

07

일에 우선순위를 정하고 순서대로 실행하라

경영학자 피터 드러커는 "효율이 높은 관리자는 시간을 관리할 때, 자신의 시간을 어디에 쓰고 있는지 정확하게 안다."라고 했다. 계획 없이 즉흥적으로 업무를 처리하면 무심결에 시간이 낭비된다는 것이다.

많은 사람이 업무를 처리할 때, 일의 중요도나 업무 비중이 높은 것보다 재밌거나 쉬운 업무부터 처리하려고 한다. 이런 업무 처리가 만족감을 줄 때도 있지만, 뒤로 갈수록 그 일에 대한 중압감만 높이는 결과로 이어진다.

미국의 대형 철강기업 베들레헴은 회사 사정이 매우 좋지 않았던 적이 있었다. 그때 찰스 슈왑 회장은 전문가에게 자문을 구했다. 전문가는 회사의 실적을 50% 이상 높일 수 있는 방법이 있다고 말했다. 슈왑 회장은 "회사가 필요한 건 지식이 아니라 더 많은 실행력입니다. 어떠한 일을 해야 하는지는 우리 스스로도 잘 알고 있어요. 우리에게 더 나은 계획 실행 방법을 알려준다면 합리적인 범위 내에서 당신이 요구하는 금액으로 사례하겠습니다."라고 말했다.

전문가는 회장에게 백지 한 장을 주며 말했다. "내일 당신이 해야 할 가장 중요한 일 여섯 가지를 적어보세요."

회장은 전문가가 말한 대로 했다. "당신과 회사에 중요한 순서대로 당신이 적은 일에 번호를 매긴 다음 종이를 주머니에 넣으세요. 내일 아침에 가장 먼저 해야 할 일은 종이를 꺼내 첫 번째 항목의 업무를 끝마치는 겁니다. 같은 방법으로 퇴근 전까지 두 번째 업무부터 마지막 업무까지 차례대로 진행하세요. 하루 종일 첫 번째 업무밖에 못 끝냈다고 걱정하지 마세요. 첫 번째 업무는 당신이 해야 할 가장 중요한 업무니까요."

전문가의 말이 조금 석연치 않았지만 슈왑 회장은 일단 해보겠다는 의미로 고개를 끄덕였다. 전문가는 다시 한 번 말했다.

"매일 같은 방법으로 해야 합니다. 이 방법에 대해 확신이 생기면, 직원들에게도 똑같이 하도록 하세요. 이 실험은 당신이 하고 싶은 만큼 하면 됩니다. 당신이 가치가 있다고 생각되는 만큼 제게 수표를 보내주세요."

한 달 뒤, 슈왑 회장은 전문가에게 2만 5천 달러의 수표와 한 통의 편지를 보냈다. 편지에는 "내 인생에서 가장 가치 있는 수업이었소."라는 내용이 적혀 있었다. 5년 후, 아는 사람이 거의 없었던 작은 철강회사는 세계 최대 규모의 철강기업으로 성장했다. 여기에 전문가가 제안한 방법이 가장 큰 기여를 한 셈이다.

대부분의 사람은 중요한 순서가 아니라 하고 싶은 일이나 쉬운 일을 우선적으로 처리한다. 중요한 순서대로 일을 처리하면 시간효율을 더 높일 수 있다.

성과를 얻고 싶다면 현재 가장 중요하고 급한 일은 무엇인지, 또한 다음에 해도 되는 일은 무엇인지 스스로에게 물어라. 충분히 파악한 다음에 가장 중요한 일을 먼저 끝마친다. 업무의 중요도에 따라 일을 처리한다. 가장 중요한 일을 제일 먼저 끝마친다. 일의 중요도에 따라 우선순위를 파악하고, 다음 순서에 처리해야 하는 일은 급한 업무지만 중요성의 여부도 함께 고려해야 한다.

당신이 처리해야 할 업무 리스트를 작성한 다음 "해당업무가 당신의 인생목표 혹은 단기 목표를 이루는 데 도움이 되는가?"라는 질문을 하면서 항목별로 점검한다. 그렇다고 생각하는 업무에 표시하고 우선순위에 따라 번호를 매긴다. 급한 정도와 시간효율도 함께 고려한다. 예를 들어 당신이 병에 걸렸다면 병원에 가는 것이 가장 중요하다. 이때 열심히 일을 한다면 얻는 것보다 잃는 것이 더 많아질 것이다. 또 다른 예로 지금 쇼핑을 가고 싶은데 상사가 시킨 업무가 있다. 그렇다면 고민할 것도 없이 업무를 끝마친 다음 쇼핑을 가야 한다. 업무는 중요하고 급하지만, 쇼핑은 급하지도 중요하지도 않은 일이기 때문이다.

시간효율은 일종의 평가방법이다. 어떤 업무가 다른 업무보다 중요하지 않고 급하지도 않지만, 해당업무를 제대로 수행하면 더 큰 이익을 얻게 되고 시간도 오래 걸리지 않는다면, 우선적으로 그 업무를 끝마치는 게 좋다. 예를 들어 오늘 가장 중요한 업무가 상사에게 제출할 보고서를 입안하는 것이다. 그런데 해당업무를 끝마치려면 몇 시간이

소요된다. 당신이 해야 할 또 다른 업무 중에 다른 사람이 처리할 수 있는 게 있다면, 보고서를 작성하기 전에 몇 분을 투자해 그 업무들을 다른 사람에게 넘겨라. 그럼 더 많은 시간 동안 중요한 보고서를 작성하는 데 집중할 수 있다.

당신이 정한 우선순위 번호에 따라 항목들을 배열하고, 중요하지 않은 업무도 우선순위에 따라 배열해서 업무를 처리한다. 그러면 업무효율이 상당히 높아질 것이다.

Harvard Life Counseling

우리가 매일 처리해야 하는 일들을 '중요하고 급하게 처리해야 하는 일, 중요하지만 급하지는 않은 일, 급하지만 중요하지 않은 일, 급하지도 중요하지도 않은 일'로 나눌 수 있다. 이 네 가지 단계에 따라 하루의 일과를 처리하면 시간을 충분히 활용하고 업무 효율도 높일 수 있다.

Part 9

HEALTH

건강은 가장 큰 당신의 자산이다

HEALTH

HARVARD

LIFE

COUNSELING

인간에게 가장 소중한 것은 건강이다. 직업병, 불면증, 과로, 환경오염, 운동 부족, 식습관, 생활습관의 불균형 등은 우리의 행복한 생활을 망가뜨리는 원흉이다. 건강은 신체뿐 아니라 마음의 건강도 포함한다. 평범한 삶에서 행복을 찾으려면 마음이 편안하고 즐거워야 한다.

01

달려야 할 때와 쉬어야 할 때를 구분하라

기계가 정교하게 만들어졌다 해도 충전하지 않고 관리하지 않으면 효용가치가 없다. 시곗바늘을 제대로 설정하지 않으면 시계는 무용지물이 된다. 운전에 능숙한 사람은 차를 급하게 몰지 않고, 거문고를 잘 타는 사람은 거문고 현을 너무 팽팽하게 잡아당기지 않는다. 사람도 현명한 사람은 자신의 컨디션을 조절하면서 몸 상태를 최상으로 유지한다.

휴식을 잘 취하는 것은 삶의 균형을 맞추는 중요한 법칙이다. 학습과 업무가 당신을 지치게 하고, 건강한 일상생활을 방해할 때, 하고 있던 일을 잠깐 내려놓고 적절하게 휴식을 취해서 마음의 안정을 찾는 게 좋다. 그래야만 삶의 최종 목표를 이룰 수 있다.

영국 역사상 가장 위대한 총리로 불리는 윈스턴 처칠은 제2차 세계대전 당시 70세였다. 고령의 나이에 매일 정무를 보느라 눈코 뜰 새 없이 바빴지만, 항상 활기가 넘치고 조금도 피곤한 기색 없이 열정적으로 업무에 임했다. 비결은 바로 충분한 휴식이었다. 업무 중간 틈틈이 쉬었고, 쉬는 날에도 편안히 휴식을 취했다. 매일 점심식사 후 한 시간 동안 낮잠을 잤고, 저녁 식사 후에도 두 시간가량 잠을 청했다. 차를 타고 이동할 때는 눈을 감고 휴식을 취했다. 또 한 가지 습관은 시간에 상관없이 하루 업무가 끝나면 뜨거운 욕조에 들어가 물속을 걸으며 휴식을 취했다.

영국 총리로 있는 동안 눈부신 성과를 낼 수 있었던 건 이런 자기관리를 통한 좋은 컨디션을 유지했기 때문이다.

1941년 8월, 처칠과 루스벨트 대통령은 뉴펀들랜드의 플라센티아만에 정박 중이던 전함에서 전후 평화를 위한 '대서양헌장'을 발표했다. 제2차 세계대전의 승리는 처칠의 활력 있는 업무와 노력이 이끌었다고 해도 과언이 아니다. 처칠의 공헌은 제2차 세계대전의 승리와 떼려야 뗄 수 없다. 어떤 사람이 처칠에게 건강과 활력의 비결을 묻자 이렇게 답했다.

"비결은 제복을 벗는 순간 책임감도 내려놓는 것입니다."

현대사회는 삶의 속도가 점점 빨라지고 경쟁도 날이 갈수록 심해지고 있다. 업무와의 씨름, 일상생활 속의 각종 스트레스로 수많은 사람들이 잠을 이루지 못한다. 두통에 시달리고, 기분이 다운되거나 만성피로에 시달리고, 집중력이 떨어지는 상태에 이른다. 이런 상태가 되면 정상적인 일상생활과 직장생활이 어려워지고 많은 시간을 낭비하게 된다. 따라서 장시간 업무를 해도 활력이 넘치고 편안하게 일상생활을 할 수 있는 방법이 사람들의 주요 관심사가 됐다.

명예와 권력, 성공만을 향해 전진하고 전념한다면 성공에 이르렀을 땐 당신의 삶도 끝날 수 있다. 톨스토이의 소설《사람에겐 얼마만큼의 땅이 필요할까?》에 나오는 상황이 되고 마는 것이다. 하루 동안 걸어서 해가 지기 전에 처음 있던 자리로 돌아오면 그 만큼의 땅을 주겠다는 말에 주인공은 쉬지 않고 걷는다. 욕심껏 조금의 땅이라도 더 차지하기 위해 땀을 뻘뻘 흘리면서 걷고 또 걸은 것이다. 그는 막바지 혼신의 힘을 다해 땅을 얻었지만 숨을 거두고 만다. 결과적으로 그가 획득한 땅이 죽은 그에게 무슨 의미가 있는가.

피로함은 우리 몸의 어떤 부위가 부담을 느낀다는 걸 일깨워주는 경고다. 경고를 무시하고 내버려두면 부담은 온몸으로 퍼져나간다. 피로함을 느끼면 하던 일을 잠시 멈추고 여유를 가져보자.

Harvard Life Counseling

하버드대학 2013년도 학생회장은 "학습 효율을 높이기 위해서 계획적으로 공부하고, 친구와 함께 공부하고, 충분한 시간을 투자해 학습과 휴식을 적절히 조절해야 합니다."라고 말했다.

자신의 몸을 피로한 상태에 내버려두지 말고 휴식을 취할 줄도 알아야 한다. 휴식을 취하는 건 더 빠른 속도로 달릴 수 있게 체력을 모으는 것이다.

02

건강은 뒤늦은 후회를 허락하지 않는다

'병은 없지만, 몸이 좋지 않은 상태'는 많은 사람의 건강을 위협한다. 세계보건기구WHO의 조사 결과 건강 기준에 적합한 사람은 전 세계 인구의 5%에 불과하고, 약 20%의 사람들이 치료가 필요하고, 나머지 75% 사람들은 건강과 질병 사이의 중간 상태에 있었다. 빨라진 생활 리듬, 과도한 경쟁 스트레스, 심리적인 나약함은 모두 이런 건강 상태를 유발하는 원인이다.

우리는 물질적인 풍요를 지나치게 중요시하기 때문에 더 많은 돈, 더 좋은 위치, 더 나은 직장을 위해 노력한다. 반면에 자신의 몸이 하루하루 무너져가는 것은 챙기지 못한다. 단언컨대 건강이 유지돼야 이 모든 것이 가능하다. 건강을 지키는 것은 자기 몫이다.

웬디는 매일 퇴근 후 친구와 술을 마시거나 백화점 폐점 시간까지 동료들과 쇼핑을 한다. 소모적인 사회생활을 통해 기회와 편리함을 얻었지만, 몇 년을 반복하고 나니 자신의 시간과 체력이 너무 낭비되고 있다는 걸 깨닫게 되었다. 게다가 수입을 대인관계에 거의 다 쓰다 보니 주머니는 텅텅 비어갔고, 30살도 되지 않은 그녀의 눈가에는 주름이 자글자글했다.

"업무가 끝나면 쉬는 시간이 필요해. 화려한 물질이 행복은 아니야. 좋아하는 사람, 좋아하는 일이면 충분해. 삶을 즐기려면 물질적 풍요로움도 필요하지만, 몸과 마음이 건강한 게 더욱 중요해."

웬디는 그간 중요하게 생각했던 것들을 포기하고 자신이 좋아하는 방식으로 새롭게 삶을 살기로 했다. 요즘 그녀는 매일 퇴근하면 바로 집으로 돌아와 따뜻한 물로 샤워하고 소파에 앉아 음악을 듣거나 잡지를 보고 인터넷 서핑을 한다.

빈센트도 건강을 개선하기 위해 노력 중이다. 그는 퇴근하고 나서도 친구와 끊임없이 연락을 주고받았다. 메신저는 계속 켜두었고 노래방에 가거나 온라인 게임을 했다. 요즘 빈센트는 메신저에서 증발한 상태다. 주말이나 공휴일에는 휴대전화를 켜지 않는다. 술집에 가도 빈센트를 찾을 수 없다.

그들이 왜 이렇게 변했을까? 빈센트는 장기간 체력소모로 일상생활과 업무에서 심각한 문제가 발생했다. 큰 병을 앓은 후, 의사는 건강회복을 위해 지금까지의 생활방식을 중단해야 한다고 경고했다. 돌이켜보니 아무 의미 없는 일로 너무 피곤하게 살았다는 것을 알았다. 그래서 늦었지만 단순한 삶의 즐거움을 느끼며 살기로 했다.

자신을 이해하지 못하는 친구들에게 빈센트는 자신은 이미 충분히 현대적인 삶을 살고 있다고 말했다. 그는 실리콘밸리의 쇼핑사이트 CEO를 예로 들었다. 그 CEO는 출근 시간 내내 컴퓨터, 휴대전화로 사람들과 연락을 주고받다가 집으로 돌아오면 모든 전자기기의 전원을 끄고 완전히 자신의 편안한 시간을 보낸다. 그의 집에는 5개의 방이 있는데 TV는 물론 다른 가정용 전자기기조차 없다. 이웃집은 불이 환하게 켜져 있지만 그의 집은 칠흑처럼 어둡다. 그 CEO는 퇴근 후의 가장 큰 오락은 촛불을 켜고 책을 읽는 것이라고 말했다.

적당한 운동을 선택하고, 차를 마시거나 식사 후의 한가한 휴식시간에 그 자리나 근처에서 운동하는 것도 좋다. 가장 과학적이고 효과적인 방법은 매주 3~5회 운동하는 것으로 체력을 높이고 건강을 증진하는 효과를 얻을 수 있다. 직장인들은 업무와 일상생활에 모두 영향이 없도록 합리적인 생활 계획을 세워야 한다. 주말에는 기분전환으로 외출을 하고, 충분히 휴식을 취하면서 체력을 강화하고 면역력도 높일 수 있다. 행복한 생활의 기본인 건강은 모든 이에게 영원히 첫 번째가 돼야 한다.

Harvard Life Counseling

하버드대학 보건대학원 질병예방센터 전문가들이 건강을 위해 다음 몇 가지 주의해야 할 사항을 제시했다.

첫째, 영양 보충을 충분히 한다. 둘째, 적절한 스트레스 해소로 건강하고 좋은 기분을 유지시킨다. 셋째, 마음의 안정과 심리적 질병 치료를 위한 다양한 취미활동을 즐긴다. 넷째, 균형 있는 업무와 휴식, 충분한 수면시간을 취한다. 다섯째, 매일 일정한 운동량을 유지한다. 여섯째, 금연과 음주량 조절한다. 일곱째, 손 씻기, 신발 자주 바꿔 신기 등 좋은 위생습관을 갖는다.

03

건강한 식습관이
건강한 생활을 보장한다

인간 생활의 세 가지 기본요소인 의식주 중에서 음식이 가장 중요하다. 음식은 인체에 필요한 모든 에너지를 공급할 뿐만 아니라 신체 발육과 활동을 위한 필요조건이다. 올바른 식습관은 면역력을 강화해서 건강한 생활을 보장한다. 우리 몸에 필요한 영양분을 음식으로 섭취하면 건강해져서 업무, 학습 등 모든 활동을 원활하게 진행할 수 있다. 과학적인 식습관을 길러야 하는 이유다.

물질적 조건이 좋아짐과 동시에 음식에 대한 요구도 점점 높아져 각양각색의 음식들이 등장했다. 사람들은 산해진미를 즐기기 위해 돈을 아끼지 않고, 폭음과 폭식을 하는 등 건강한 식습관에 신경 쓰지 않아 여러 가지 질병을 앓기도 한다. 하버드대학 보건대학원 교수는 “건강한 신체를 유지하려면 합리적인 식습관을 길러야 한다.”라고 제안했다.

“아침은 왕처럼, 점심은 평민처럼, 저녁은 거지처럼!”이라는 말이 있다. 이는 선인들이 경험한 건강을 위한 식습관을 말하는 것으로, 아침 식사는 충분한 열량을 제공해야 대뇌를 활동하게 한다는 하버드 대학 영양학자의 말과 맥이 통한다.

일반적으로 기상 후 30분 이내가 식욕이 가장 왕성한데, 이때 아침 식사를 하는 게 가장 좋다. 아침 식사는 저지방, 무가당 위주로 구성하고, 살코기, 신선한 야채와 저지방 우유 등 단백질, 비타민, 미량원소가 풍부하게 들어간 음식을 섭취하는 것이 활력을 준다.

점심 식사는 단백질, 비타민, 미네랄이 함유된 음식으로 인체에 충분한 에너지를 제공해주도록 구성하는 것이 좋다. 쌀밥, 육류, 콩류와 열량이 높은 채소를 우선 배치하고, 부가적으로 플레인 요거트를 먹으면 소화와 흡수에 도움이 된다. 점심 식사는 잘 먹고 배불리 먹어야 오후 내내 활동할 수 있는 에너지가 생긴다.

저녁에는 활동량이 적기 때문에 80%만 먹는 것이 신체 건강에 도움이 된다. 그렇다고 너무 적게 먹거나 대충 먹어선 안 되고 일정한 규칙이 필요하다.

하버드대학 영양학자는 저녁 식사 후 5시간 이내에 칼슘이 배출되기 때문에 저녁을 너무 늦게 먹으면, 다량의 칼슘이 체내에 남고 시간이 지나면서 결석으로 발전해 요로결석을 일으킬 수 있다고 말했다. 저녁에 육류나 단백질 식품을 너무 많이 먹으면 소화불량을 일으키고, 저녁 식사 후 활동량이 적기 때문에 고칼슘이 배출되지 못하고 암모니아, 인돌indole 등의 물질이 쌓여 암으로 변할 수도 있다. 저녁에는 채소 위주로 먹거나 간이 세지 않은 음식, 탄수화물이 풍부한 음식으로 먹는 게 좋다. 이러한 물질은 세로토닌 분비를 촉진해 수면을 도와준다.

한 가지 음식을 좋아하면, 다른 음식에는 관심을 두지 않는 사람들이 많은데, 그러면 섭취하는 영양소가 지나치게 단일화된다. 인체는 매우 복잡해서 다양한 영양소가 필요하다. 한 가지 영양소만 지나치게 많이 섭취하면 질병을 유발하기 쉬우니 음식을 다원화하는 데 신경 쓰자.

Harvard Life Counseling

하버드대학 보건대학원 영양학자와 하버드대학 건강출판사가 공동으로 새로운 건강 식습관을 개발했다. 하루 식단의 구성비는 채소와 과일의 비율이 50%, 곡물류와 단백질 비율이 25%, 그 외에 식물성 기름이나 수분을 많이 보충하는 것이 가장 이상적이다.

04

스트레스가 에너지 보충제 역할도 한다

사람의 삶에는 항상 스트레스가 따른다. 태어난 순간부터 생존 스트레스, 학업 스트레스에 시달리고, 사회에 발을 들이면 업무 경쟁 스트레스에 시달리고, 결혼한 후에는 여러 가지 생활 스트레스에 시달린다. 인생의 단계마다 스트레스가 그림자처럼 따라다니니 스트레스 속에서 생활하는 건 이제 지극히 정상적인 일이 돼버렸다.

하버드대학 의학박사 피터는 "심신이 극도로 긴장될 때, 사람의 생활 기능이 약해진다."라고 말했다. 즉, 지나친 스트레스는 몸과 마음을 다치게 한다는 것이다. 그러나 스트레스가 없다면 인생은 맹물처럼 무미건조해질 것이다. **스트레스가 있어야 원동력이 생기고, 원동력이 있어야 성공한다. 스트레스가 피할 수 없는 삶의 일부분이라면, 스트레스를 받아들이고 잘 대하는 법을 배워서 인생을 후회 없이 다채롭게 살아보는 건 어떨까?**

스트레스를 평온하고 부드러운 방식을 택해 받아들여 보자. 따뜻하고 애정이 가득하고 자신과 다른 사람을 기쁘게 하는 방식으로 스트레스를 받아들인 사람은 링컨이다.

링컨은 좌절과 억압이 그의 인생을 표현할 수 있는 단어라고 할 정도로 다사다난한 삶을 살았다. 가난한 가정에서 태어나 9살 때 어머니가 병으로 돌아가시고, 15살부터 학교에 다니기 시작했다. 24살 때 다른 사람과 함께 사업을 시작했지만 사업 실패로 10여 년간 부채에 시달려야 했다. 25살 때는 첫사랑이 병으로 죽는 바람에 오랜 시간 우울증에 빠졌다. 32살 때 결혼했지만 포악한 아내 때문에 자주 집에 들어가지 못했다. 35살 때 공직 선거에 입후보했지만 여러 차례 실패했다. 52살 때 미국 대통령에 당선되었지만, 미국 내전이 발발해 4년 내내 내전에 참여하고 온갖 괴로움에 시달렸다. 56살 때 내전이 종료되고 대통령 재임에 성공했지만, 얼마 지나지 않아 극장에서 총에 맞아 사망했다.

이처럼 세상의 쓴맛을 충분히 맛본 사람이지만, 그는 유머로 매 순간의 고난을 견뎌냈다. 자신의 고된 인생을 줄곧 미소를 띠며 적극적으로 해결했다. 매일 자기 전에 유머집을 보았던 습관이 그를 웃게 만들었다. 처음에는 억지로 웃었지만, 시간이 지나 그의 웃음은 본능적인 반응이 되었고 마음도 따라 웃게 됐다.

링컨과 더글라스가 변론하던 중 더글라스가 링컨에게 말과 행동이 다른 이중적인 사람이라고 지적했다.

"제가 두 얼굴을 가졌다면, 뭐 하러 이 못생긴 얼굴로 여러분 앞에 서겠습니까?"

링컨의 말에 모두가 박장대소했고 더글라스도 참지 못하고 웃어버렸다.

링컨은 가난한 집안 출신이라는 사실을 한 번도 부끄럽다고 생각하지 않았다. 처음 대통령에 당선됐을 때, 어떤 사람이 그의 아버지를 제화공 노동자라고 비웃었다. 링컨은 자조적으로 말했다.

"맞아요. 아버지는 제화공입니다. 저는 나라를 다스릴 때도 아버지가 구두를 만드는 것처럼 숙련되길 바랍니다."

이 말은 그의 이미지를 높이게 했다.

스트레스 때문에 자신감과 희망을 상실하지 말고, 짜증을 내거나 불안해하지 말고, 유머로 스트레스를 대해보자. 스트레스를 자연스럽게 받아들여 성공의 원동력으로 바꾸는 것이 낫지 않은가. 그런 인생이 다채롭고 성과도 크다.

Harvard Life Counseling

스트레스는 생존하고 강해지는 데 필요한 원동력과 에너지를 준다. 어느 정도의 스트레스는 학업, 업무, 일상생활에 필요한 도움을 주기 때문에 스트레스와 친해지지 않을 이유가 없다.

스트레스를 부담으로 여기지 말고, 마음을 단단하게 해주는 주사나 에너지 보충제, 채찍으로 여기고 온정으로 대해보자.

05

당신은 이미 충분히 많은 것을 가졌다

《하버드 교수와 딸의 대화》라는 책에서 "다시 태어날 수 있다면, 작은 새가 돼서 매일 자유롭게 날아다닐 거예요."라고 딸이 말하자 교수는 "타인의 삶은 멀리 있는 풍경처럼 멀리서 보면 좋아 보여도 가까이서 보면 그것 또한 완벽하지 않단다."라고 말했다.

남을 부러워하는 건 모든 인류의 공통적인 특성이다. 다른 사람의 가정환경을 부러워하고, 직업을 부러워하고, 경제력을 부러워한다. 부러움은 행복을 추구하는 데서 비롯된 태도다. 보다 완벽해지길 기대하고 다른 사람처럼 잘살 수 있길 바라기 때문이다.

적당한 부러움은 당신의 진취적 욕망을 끌어내지만, 지나치면 자아를 잃어버리고 자괴감에 빠지게 한다. 다른 사람의 운을 부러워하기보다는 다른 사람의 노력하는 정신을 배워서 자기 자신을 더 나은 방향으로 끌어올리는 것, 이것이야말로 적당한 부러움의 긍정적인 작용이다.

일본 파나소닉의 창업주 마쓰시다 고노스케 회장은 “다른 사람의 재능을 부러워할 필요가 없으며, 자신의 평범함을 탄식할 필요도 없습니다. 누구나 자신만의 매력이 있습니다. 자신의 개성을 알고 더욱 발전시키는 게 더 중요합니다.”라고 말했다.

많은 사람이 타인을 부러워하면서 공연히 자기 자신에게 불만을 던진다. 상대적으로 자기 자신의 부족한 점만 보고 아쉬움만 더 가중시킨다. 불만족과 실망은 다른 사람이 가진 것을 크게 보고 자신이 가지고 있는 소중한 것들은 무시하기 때문이다. 그런데 알고 보면 우리는 이미 충분히 많은 것을 가졌다.

“연못에 가서 물고기를 부러워하느니 물러나서 그물을 뜨는 것이 더 낫다.”라는 속담이 있다. 다른 사람을 부러워하는 데 시간을 낭비하느니 그 시간에 자기 자신을 완벽하게 만드는 데 힘쓰자. 사람들이 저마다 갖춘 조건은 그들만의 개성이니 당신에겐 어울리지 않을 수도 있다.

사람들은 다른 사람의 멋진 모습만을 보고, 그 사람의 숨은 노력을 보지 못한다. 그리고 다른 사람의 성공만 보고, 성공 뒤에 감춰진 고통은 보지 않는다.

당신은 다른 사람이 돈이 많고, 권력이 있고, 좋은 차를 타고, 집이 크다고 생각하며 부러워하겠지만, 이는 그 사람들이 노력해서 얻은 것이니 그들이 누리는 것은 당연하다. 만약 당신이 성공한 사람의 삶을 기준으로 자신의 삶이 이뤄지길 바라면서 정작 큰 노력을 기울이지 않는 건 스스로 자신을 수렁에 빠트리는 것만큼이나 비정상이다.

세 명의 노동자가 벽돌을 쌓고 있었다. 지나가던 사람이 그들에게 무슨 일을 하느냐고 물었다. 첫 번째 사람은 "벽돌을 쌓고 있소."라고 대답했고, 두 번째 사람은 "고층빌딩을 짓고 있소."라고 대답했고, 세 번째 사람은 "도시를 건설하고 있소."라고 대답했다. 몇 년 후, 첫 번째 사람은 여전히 벽돌을 쌓고 있었고, 두 번째 사람은 건축가가 되었고, 세 번째 사람은 도시계획설계사가 되어있었다.

생각을 얼마나 확장해서 하느냐에 따라 자신의 위치나 가치가 바뀔 수 있다. 자신의 능력을 활용할 줄 모르거나 가치 있게 여기지 않는 사람은 제자리에 머물다가 생명이 다하는 날까지 어떠한 성취도 이루지 못한다.

누구나 자신만의 행복과 즐거움이 있으니 다른 사람을 부러워하지 말자. 그만큼 노력하면 그에 걸맞은 보답이 돌아올 것이다. 어떤 삶을 살아갈지는 자기 자신이 만들어내는 것이다.

Harvard Life Counseling

"이웃의 울타리가 더 푸름을 부러워하지 말자. 가시가 더 푸른 것일 수도 있다."

하버드대학 캠퍼스에 전해져오는 격언이다. 다른 사람은 우아하게 커피를 마시는데 자신은 생수를 마신다고 불평한다. 그러나 진정으로 갈증을 해소해주는 건 커피가 아니라 생수다. 남을 부러워하지 말고 자신만의 행복을 즐기자!

06

누군가와 자신을 비교하고 대조하지 마라

자신이 불평하는 요소들을 점검해보자. 내 집 한 칸 없는데 집값은 계속 올라간다, 사람끼리의 정이 없고, 사회는 자꾸 복잡해진다, 취직과 승진, 돈, 연애, 뭐든 원하는 대로 되는 게 없다, 날이 갈수록 자신감이 떨어진다 등을 살펴보면 대부분은 욕구가 충족되지 못한 것에서 오는 불만족이다.

그런데 만족을 느끼며 즐겁게 살아가는 사람들을 보면 완벽하게 모든 것을 갖춘 사람들이 아니다. 그들은 가질 수 없는 것, 자기 것으로 만들 수 없는 것 때문에 조바심 내지 않는다. “깨끗하고, 싱겁고, 유유자적 흘러가는 맑은 물처럼 여유롭고 평범하게 살아가는 게 진리다.”라는 어느 학자의 말처럼 산다.

마음의 소리를 따르는 것, 이 얼마나 단순한 선택인가. 그러나 당신의 눈에 보이고 귀에 들리는 것들이 당신을 가만히 두지 않는다. 자신이 가진 것보다 좋은 것만 눈에 띈다. 잘나간다는 친구나 주변 사람들의 소식만 들린다. 그로 인해 당신은 현재에 만족할 수 없다. '괜찮아, 이만큼이면 충분해.'라는 마음의 소리를 뭉개버린다. 그리고 "좀 더!", "좀 더 높이.", "좀 더 좋은 것."이라고 외치며 스스로 채근하고 닦달한다.

하지만 다른 사람의 영향으로 당신의 결정이 좌우될 때 당신의 세계는 어수선하고 복잡하게 변한다. 복잡함은 번뇌를 의미한다. 어쩔 수 없는 선택의 번뇌와 마음을 어지럽게 하는 번뇌로 인해 당신은 점점 자아를 잃고 본래의 모습을 잃어버리게 된다.

사람들이 겪고 있는 여러 가지 고통에 대해 연구해온 미국 뉴저지주의 유명 수의사 알렉스는 "단순하게 살아야 번뇌를 줄일 수 있고, 그러려면 동물의 마음을 배워야 합니다."라고 말하면서 다음과 같은 몇 가지 예를 들었다.

* 고양이는 걱정하지 않는다. 그들은 조금이라도 초조함을 느끼거나 긴장하면 바로 잠을 청한다. 자고 나면 불안함이 사라진다.
* 강아지는 매우 잘 잊어버린다. 아무리 고통에 시달려도 금방 잊어버리고, 뼈다귀를 씹거나 장난치면서 현재의 즐거움을 만끽한다.
* 새는 가장 인생을 즐길 줄 안다. 아무리 바빠도 멈추고 나뭇가지에서 노래를 부른다. 배우자를 찾기 위해서 그렇게 행동하는 것으로 생각할지도 모르지만, 번식기가 지나도 노래 부르는 새들은 여전히 어디에나 존재한다.

동물들은 사람처럼 똑똑하지 않지만, 편안하고 자유롭게 살아간다는 점에서 인간들보다 뛰어나다. 걱정을 줄이고 싶다면, 단순한 사람이 되어보자! 단순함은 단조로움이 아니라 자연스러움을 추구하고 진정한 자신의 모습을 추구하는 것이라는 걸 명심하자.

Harvard Life Counseling

하버드대학 심리학 교수 탈 벤 샤하르는 "단순한 삶을 이해하는 사람의 행복지수는 매우 높다."라고 말했다.

세상은 원래 단순한데 우리가 복잡하게 만들었을 뿐이다. 많은 사람이 단순하다는 것을 단조롭고 초라한 것으로 이해하는데, 편협한 시각이다. 단순함은 자연스러움과 솔직함으로 사람들에게 편안하고 자유로운 느낌을 준다. 진정으로 단순함을 이해하게 된다면, 최고의 인생의 경지에 오른 사람이라 할 수 있다.

Part 10

HAPPY

행복을 이해해야
행복을 만날 수 있다

HAPPY

H A R V A R D

L I F E

C O U N S E L I N G

행복수업은 하버드대학에서 가장 인기 있는 강좌 중 하나다. 사람들이 행복에 관심이 많다는 의미기도 하지만, 다른 측면에서는 현재의 행복에 만족하지 못한다는 반증이기도 한다. 중국 CCTV 방송에서 2012년도에 '당신은 행복합니까?'라는 프로그램을 방영했는데 전국 각지의 서민들은 자신이 불행한 증거들을 내놓으며 행복하고는 거리가 멀다고 했다. 스스로를 불행하다고 정의하고, 불행을 자랑하고, 불행한 자신을 당연하게 생각한다면, 행복과 점점 멀어질 수밖에 없다.

01

마음먹기에 따라 행복의 양이 달라진다

사람들은 자기의 행운은 발견하지 못한다. 다른 사람이 돈을 벌면 그 사람은 운이 좋다고 하고, 다른 사람이 좋은 직장을 찾았을 때도 운이 좋다고 말한다. 다른 사람이 하는 일마다 뜻대로 되면 좋은 사주를 잘 타고났으며 운명의 신이 그를 도와준다고 믿는다. 다른 사람의 운을 부러워하면서 자신은 행운이 찾아오지 않는 재수 없는 사람으로 여긴다.

최근에 들이닥친 불행들로 절망에 빠진 한 남자가 강가에 섰다. 그는 결혼한 지 5년 만에 부인이 세상을 떠났고, 그의 유일한 정신적 버팀목이었던 세 살배기 아들까지 불의의 사고로 잃었다. 남자는 자신의 모든 걸 빼앗아 간 하느님을 원망하며 죽기로 결심했다. 강에 몸을 던졌을 때 마음씨 좋은 뱃사람이 그를 구했다. 그는 죽을 권리까지도 빼앗지 말라며 울부짖으며 자신의 비참한 인생을 이야기했다.

"그러면 5년 전의 당신은 어땠나요?"

"그때는 달랐지요. 난 혼자의 몸이었지요."

"그럼 운명의 신은 당신을 5년 전으로 보내준 것뿐이네요. 혼자 몸이 되었잖아요."

남자는 뱃사람의 말이 일리가 있다고 생각하고, 새로운 인생을 살기로 마음먹었다.

슬픔, 기쁨, 이별, 만남 등의 세상만사로 자신의 기분과 행동을 결정하면 평생 자아를 찾을 수 없다. 일본의 동양사상가 야스오카 마사히로는 "심리 상태가 변하면 의식이 변하고, 의식이 변하면 행동이 변하고, 행동이 변하면 성격이 변하고, 성격이 변하면 운명이 바뀐다."라고 말했다. 다시 말해 일상을 대하는 태도가 삶의 질을 결정하고, 행복지수에 직접적인 영향을 미친다는 것이다.

부지런한 두 어부가 평소처럼 바닷가에서 생활했다. 같은 해역에서 똑같은 도구로 고기를 잡지만 두 사람의 생활은 현저하게 달랐다. 젊은 어부는 아무것도 잡지 못해서 배를 주리는 날이 잦았고 나이 많은 어부는 고기를 가득 싣고 돌아왔다.

나이 많은 어부가 매번 많은 물고기를 잡아 오는 걸 보며 젊은 어부의 마음에 불만이 쌓였다. 게으름을 피운 것도 아닌데 물고기를 잡지 못하는 건 자신은 운이 없고, 나이 많은 어부는 운이 좋은 것으로 생각했다. 젊은 어부는 하백에게 제사를 지내며 자신에게도 운을 내려달라고 간청했다. 그의 원망과 간청을 들은 하백이 젊은 어부에게 말했다.

"자네는 아직 물고기 잡는 법을 모르는구먼."

어부는 의구심이 들었다. 몇십 년 동안 물고기를 잡았는데 잡는 법을 모른다는 게 말이 된단 말인가? 아무리 생각해도 자신과 나이 많은 어부가 고기 잡는 방법은 별 차이가 없었다. 하백은 대답했다.

"정말 다르지. 한 사람은 마음으로 물고기를 잡고, 한 사람은 망으로 물고기를 잡으려 하지. 자네는 온종일 우거지상을 해서 물고기를 내쫓고 운도 달아나게 하지 않는가."

우리에게는 신이 부여하는 운보다 더 강한 힘을 가진 것이 있다. 바로 '의지'다. 어떤 일을 이루고자 하는 간절한 마음으로 의지는 의욕을 불러오고 실행력을 갖추게 된다. 그래서 어떤 일을 하겠다고 목표를 세우거나 마음을 먹으면 새로운 기운이 솟는다. 도전이 즐겁고 어떤 일이든 추진할 수 있게 된다. 실패나 좌절 어려움도 자기의 의지에 따라 다르게 받아들일 수 있다.

의지가 약한 이는 좌절의 늪에 빠져 허우적대며 스스로 가라앉기를 자처하지만, 의지가 강한 사람은 오히려 시련을 받아들이고 이겨낼 방법을 강구하며 자기 내공의 힘을 키운다. 누구나 승승장구를 꿈꾸지만 그 과정에는 어려움이 있게 마련이다. 뜻이 있는 곳에 길이 있고, 일체유심조一切唯心造라는 말이 있듯이 인생은 자기가 마음먹기에 따라 달라질 수 있다. 일이 자기 뜻대로 안 된다고 낙담하는 시간에 자기 의지를 점검해라.

모든 일의 흥망성쇠에 일희일비하지 말고 마음을 가라앉히고 업무, 일상생활, 세상만사를 대하라. 언제나 자신을 건강하고 밝은 상태로 되돌려 놓아야 한다.

우리에게 닥친 좌절이나 슬픔에 자기의 모든 것을 걸 필요는 없다. 얻은 것과 잃은 것을 객관적이고 공정하게 대해야 한다. 건강하고 긍정적인 마음으로 행복의 꼬투리라도 손에 넣어라. 당신을 당장 웃을 수 있게 만드는 포인트다.

Harvard Life Counseling

하버드대학 심리학 교수 탈 벤 샤하르는 "행복은 인생의 유일한 기준이자 모든 목표의 최종 목표다."라고 말했다.

사람은 누구나 행복해질 수 있고, 행복은 자신의 건강한 심리 상태에 달려 있다. 복잡한 삶의 여정에서 걸음을 멈추고, 마음을 가라앉히고, 심리 상태를 조정한 다음, 다시 여유를 가지고 출발하면 새로운 세상으로 걸어갈 수 있다.

02

불평하지 마라,
행복이 말라버린다

인생의 주인은 나다. 나의 행동과 생각에 의해 모든 것이 결정된다. 당신이 불평하는 어떤 결과는 결국 나 스스로 자초한 것이다. 그런데도 성공은 자신의 공으로, 실패는 불운 탓으로 돌린다. 당신이 좌절하고 성공하지 못한 이유는 운이나 운명 때문이 아니다. 삶이 당신에게서 무언가를 빼앗아 가는 것만 보지 말고, 무엇을 주었는지를 기억하자. 삶이 준 것을 망각하면 당신은 삶의 용기를 잃게 된다.

"은혜를 잊는 것은 거짓말, 허영심, 남의 허물을 들추어내는 것, 술주정 혹은 악한 마음보다 더 나쁘다."라는 영국 격언이 있다. 은혜를 잊는 사람은 삶을 부정한다. 삶이 내린 은혜를 잊고 괴로움과 불만 속에 지낸다면, 자신이 꿈꾸던 삶은 어디론가 사라지고 어려움만 반복된다. 행복은 당신에게서 도망치고 웃음은 당신 곁을 떠난다. 삶에 냉담한 태도를 보이는 사람의 시련을 책임져 줄 도구는 아무것도 없다. 당신의 마음에 세상과 타인에 대한 원망만 남겨놓는다면 당신은 불행만 껴안고 있는 것이다.

세상에 불행한 일들도 많지만 반면에 행복도 크다. 시각장애인은 청각과 후각, 촉각으로 세상의 빛을 보고 삶의 따듯함을 느낀다. 시각장애인이 사물을 보지 못하는 현실로 불평에 빠져 산다면, 삶이 주는 따뜻한 빛을 볼 수 없다. 이와 마찬가지로 당신이 당신에게 주어진 삶의 범주 안에서 깜깜한 면만을 찾아서 본다면 삶은 당신에게 암담함을 줄 것이고, 빛을 보면 삶은 당신에게 빛을 줄 것이다.

영국의 소설가 윌리엄 새커리는 "세상은 거울과 같아서 모든 사람들에게 그들의 거울을 비춰줍니다. 세상을 향해 얼굴을 찌푸려보세요. 그러면 세상은 험상궂게 변합니다. 세상을 향해 웃음을 짓고 하나가 되어 보세요. 그러면 세상은 유쾌하고 친절한 동반자가 되어 줄 겁니다."라고 말했다.

당신이 삶에 대해 불평불만을 쏟아낸 만큼 세상은 어두운 면만을 드러낸다. 평상시에 그것들은 즐거움 뒤에 숨어 있는데 당신이 일부러 찾아내고 소환시킨 것이다. 굳이 숨어 있는 것들을 끄집어내고 드러내야 되겠는가. 대신 불평불만들을 숨겨주는 즐거움과 행복, 만족스러움을 보자. 그것들이 당신 삶에 밝은 빛을 선사한다.

한창 젊은 나이에 잔혹한 병마로 두 다리를 잃은 사람이 있다. 모두가 애석해하며 불운한 운명을 동정할 때, 그 사람은 태연하게 웃으며 말했다.

"나의 두 손을 유지하게 해준 삶에 감사합니다."

루게릭병을 앓았던 과학자 스티븐 호킹은 말했다.

"내 손가락은 여전히 움직일 수 있고, 머리는 여전히 생각할 수 있어요. 나는 평생 추구할 이상이 있고, 저 자신을 사랑하고, 사랑하는 가족들과 친구들이 곁에 있어요. 그렇습니다. 저는 감사하는 마음이 있어요."

감사하는 건 삶을 사랑하는 마음에서 우러나오는 자발적인 행동이다. 감사할 줄 아는 사람은 자기가 가진 작은 것을 소중하게 여길 줄 알고, 소소한 기쁨에 크게 기뻐할 줄 아는 지혜를 가진 자이다. 이미 가진 것에 감사할 줄 모른다면, 그 사람은 더 많은 것을 얻기 힘들다. 더 많은 것을 가진다 해도 그 사람은 만족하지 못하고, 행복하지 못하기 때문이다. 그래서 물질적으로 아무리 풍부해도 그들은 가난하며 행복감도 매우 낮다.

자신에게 주어진 것들에 감사하는 마음을 느껴보자. 당신이 웃을 수 있고 행복할 수 있는 비결이다.

Harvard Life Counseling

하버드대학 심리학자 윌리엄 제임스는 "감사하는 마음이 있는 사람만이 만물이 베푸는 은혜를 느낄 수 있습니다."라고 말했다.

다른 사람에게 감사하는 것도 자기 자신의 구원이다. 당신 인생에서 크게 불만스러운 것과 작은 만족 중 어느 쪽을 볼 것인가. 선택은 당신 몫이다.

03

졸업장으로 한 사람의 지적수준을 평가하지 마라

기업에서 직원을 고용할 때, 지원자의 학력을 인정하는 졸업장은 필수 구비서류에 해당한다. 졸업장이 지원자의 지식수준과 능력을 뒷받침하기 때문이다. 그러나 종이 한 장에 불과한 졸업장으로 한 사람의 지식수준과 능력을 전부 드러낼 수 없고, 그 사람의 학습 잠재력을 대표할 수 없다.

우리가 잘 아는 재벌들이나 성공 인사들 중에는 학력이 낮은 사람들도 많다. 홍콩 재벌 리카싱은 중학교도 졸업하지 못했으며, 중국의 인기 소설가 하이옌은 초등학교 4학년 학력이 전부다. 200만 중국인들의 가슴을 울린 중국 4대 작가 한한 역시 고등학교 2학년 학력밖에 되지 않는다.

진정한 지식은 실천하는 과정에서 얻는 것으로 끊임없이 배우고 지식을 쌓아야 자신이 꿈꾸던 행복을 얻을 수 있다. 독일의 소설가이자 1929년 노벨 문학상을 받은 토마스 만은 고등학교도 졸업하지 못했지만, 1924년 발표한 장편소설 《마의 산》에서 백과사전식의 지식으로 세상을 놀라게 했다. 그는 보험회사를 다니며 듣고 싶은 강의를 도강했다고 한다. 글을 쓰기 위해 필요한 지식을 수집하러 다닌 것이다.

어디 그뿐인가. 빌 게이츠, 스티븐 잡스는 스스로 대학을 중퇴했다. 학교에서 배운 지식이 아니라 자신의 관심분야에 매진하고 정열을 쏟았다. 학교를 떠난 후 비로소 자신의 강점을 발견하고 열정을 찾아, 성공을 거둔 사람들은 자신의 인생을 스스로 설계하고 혁신적 리더가 되기 위해 고군분투한 결과 위대한 결과를 창출해냈다. 그들은 다녔던 학교로부터 명예 졸업장을 받고 졸업식 연사로도 초청받았지만 그것이 그들의 능력을 대변해주는 것이라고 믿지 않는다. 오히려 '학교'라는 시스템을 의심하게 되지 않는가.

졸업장으로 사람의 역량을 논하지 말고 일류 대학 졸업장이 없다고 자신감을 잃지 말자. 지식과 재능과 견실한 학문만 있다면 행복을 얻을 수 있다. 존 호너 박사의 이야기는 스스로에 대한 자신감을 잃지 말라는 도리를 설명해준다.

선천적으로 난독증이 있었던 호너는 초등학생 때 성적이 좋지 않았다. 그러나 난독증에 대한 개념이 없었기 때문에 선생님들은 호너가 일부러 게으름을 피우거나 지능에 문제가 있다고 생각했다.

어릴 때부터 과학 분야, 특히 고생물학에 관심이 있었던 호너는 휴일이면 도서관에 가서 과학 총서를 읽었다. 과학 방면으로 누적된 지식은 중학생 때 점점 드러나기 시작했고, 매년 전교 과학전에서 1등을 석권했다. 그러나 학교의 과학 수업은 따라가지 못했다. 난독증으로 문자에 대한 기억 능력이 거의 없었기 때문이다.

의무 교육의 보호를 벗어난 호너는 대학에 들어간 지 며칠 만에 퇴학당했다. 그래도 호너는 지식 추구를 포기하지 않았다. 이수하지 못한 강의는 다른 과목으로 바꾸는 방식으로 대학 내의 모든 학부, 대학원 수업까지 전부 배웠다. 그러나 그가 이수한 과목은 하나도 없었다. 당연히 7년이라는 시간을 투자했지만 졸업장을 받을 수 없었다.

인생의 막다른 골목에 처했을 때, 그는 모든 고생물박물관에 편지를 보내 일자리를 알아봤다. 몇 번의 시도 끝에 프린스턴의 한 박물관 일자리를 얻었고, 프린스턴대학 고생물 학부의 공룡화석관리원도 맡게 되었다.

프린스턴대학에서 일할 기회를 얻은 호너는 계속 지식 탐구에 노력했고, 마침내 그의 노력과 지식이 사회의 인정을 받아 몬태나주립대학교 교수로 채용되었다.

화려한 졸업장은 없었지만, 그의 진정한 재능과 견실한 학문은 많은 사람에게 감동을 주었다. 그를 쫓아낸 학교는 그에게 명예박사 학위를 수여하고 교수로 임명하는 대담한 결정을 내리기도 했다.

호너는 유명 감독 스티븐 스필버그의 초대를 받아 인기 영화 〈쥬라기 공원〉의 자문을 맡기도 했다. 호너의 장기간 쌓았던 고생물학 지식과 경험을 바탕으로 감독은 영화 속 공룡을 진짜처럼 더욱 생동감 있게 표현해낼 수 있었다.

사람들은 한 사람의 지식수준을 정확하게 판단할 수 없기 때문에 졸업장으로 사람을 판단한다. 그러나 당신이 자신의 지식수준을 다른 사람에게 증명해낼 수 있다면 졸업장은 그다지 중요하지 않다. 능력이 진리다. 종이 한 장에 불과한 졸업장으로 고민하는 건 가치 없는 일이다.

Harvard Life Counseling

하버드대학 교수 존 애드윈은 "작가, 예술가 등의 재능은 생활에서 쌓은 것으로 그들은 졸업장에 의존해 밥을 먹지 않는다. 능력이 가장 중요하다."라고 말했다.

하버드대학 입학시험은 문화 지식, 연구능력, 예술적 기교 등 다양한 항목 기준이 있다. 어떠한 방면에 재능이 뛰어나면, 하버드대학은 전문가를 파견해 지필고사와 면접, 실제 조작 등의 방식으로 학생의 재능을 평가하고, 실제로 그 방면의 재능이 인정되면 그 학생이 하버드대학에서 연구하도록 전폭적인 지원을 해준다. 지식과 능력만 있으면, 자신의 재능을 보여주지 못할 곳이 없다.

04

움켜쥘수록 더 많은 것이 빠져나간다

우리는 어떤 선택을 할 때, 눈앞의 이익에 이끌려 장기적이면서 더 큰 이익을 보지 못하곤 한다. 그렇기 때문에 선택의 순간이 오면, 마음을 차분하게 가라앉히고 결정에 신중함을 기해야 한다. 누구든지 유혹 앞에서는 시야가 좁아진다. 유혹과 함정을 간파하지 못하는 것이다.

먼 곳을 내다봐야 더 멀리 나아갈 수 있는데, 발아래 있는 한 뼘 물웅덩이를 피하려고 발끝만 보고 있다. 시야가 좁은 사람은 한 평짜리 공간에서 제자리걸음만 할 뿐 앞으로 나아가지 못한다. 자신을 감싸고 있는 테두리 밖으로 나가 사람들을 보고 상황을 깊이 보려고 노력해야 더 깊게 이해할 수 있는데 그런 골치 아픔을 거부한다.

'굳이 내가 왜?', '내 일도 아닌데, 나설 필요 없잖아.', '나만 아니면 돼.'라는 이기심의 발동으로 자기 안위만을 생각한다. 이는 옹

졸한 발상이다. 결국 그 피해가 자신에게 돌아온다는 사실을 알아야 한다.

우리는 자신의 발전에 집중하기 전에 먼저 팀의 발전에 집중해야 한다. 팀의 이익이 높아져야 더 쉽게 당신의 목표를 실현하고, 이익도 최대로 보장된다. 당장은 팀의 일원으로 자신에게 스포트라이트가 비춰지지 않고, 당신이 한 일로 팀장이 박수를 받는 서운한 일이 발생할 수 있지만, 보이지 않는 유익이 당신에게 돌아온다. 동료들의 인정과, 개인의 성장을 빼놓고 생각하더라도 팀워크를 발휘한 결과 당신을 응원하는 지지자와 힘들 때 도움을 청할 수 있는 지원군을 얻었다.

당장 눈앞에 있는 직장보수로 자신의 발전 가능성을 측정하면 수많은 발전 기회를 놓칠 수 있다. 회사 내에서 자신의 능력을 키워주고 인정해주는 요소를 찾아 승부수를 던져야 한다.

결혼도 마찬가지다. 한순간 끓어오르는 마음으로 해서는 안 되고, 금전적인 유혹 때문에 결정해서도 안 된다. 결혼생활이 따뜻함과 행복을 주긴 하지만, 미래의 삶이 어떻게 될지, 두 사람이 잘 맞는지, 결혼생활이 얼마나 유지될지에 관한 문제는 결혼 전에 진지하게 생각해야 한다. 카자흐스탄의 민요에 "아가씨! 급하게 결혼하지 마세요. 좋은 남자는 나중에 나타나고 행복한 결혼도 나중에 나타난답니다."라는 가사가 있다.

유혹에 빠졌을 때, 평온함을 유지하고 더 많이 고민해야 한다. 어느 인생이든 굴레가 조금씩 씌어져 있다. 더 깊고 멀리 볼 때, 그 굴레에서 벗어날 수 있다. 눈앞의 이익을 잡고 그것에 집착하여 놓치지 않으려고 꽉 움켜쥐고 손을 펼치지 못한다면 더 큰 이익을 놓쳐버린다. 우리는 포기를 배워야 한다. 꽉 쥐면 쥐고 있는 것만 얻을 수 있다. 과감하게 두 손을 펼치면, 온 세상의 것을 가질 수 있다.

중국 산시성에서 비롯된 '구련환'은 하나로 아홉 개의 연결된 고리를 푸는 놀이인데 지혜로운 인생의 축소판과 같다. 구련환을 풀고 싶으면 양보하는 전략을 알아야 한다. 왼쪽 첫 번째 고리부터 풀고 꺼내 들어서 가운데 큰 고리 안으로 넣어 순차적으로 빼야 한다. 세 번째 고리부터 하나의 고리를 풀 때마다 먼저 풀었던 고리를 다시 끼우고, 그 고리가 풀리면 다시 앞의 고리를 풀어야 한다. 앞에 풀었던 고리는 뒤에 푸는 고리의 기초이자 뒤의 고리를 푸는 과정의 견인 역할을 하는 것이다. 만약 이미 풀었던 고리를 포기하지 않으면, 여덟 번째 고리를 풀었다고 해도 구련환을 풀 수 없다. 자신이 힘들게 풀었던 고리들을 포기하는 걸 아쉬워한다면, 아홉 번째 고리는 여전히 끼워진 상태로 남을 것이다.

인생도 마찬가지다. 앞으로 한 걸음을 내디딜 때 디딘 발을 또 떼어 놓아야 계속해서 앞으로 나아갈 수 있다. 한 걸음 걸은 게 어딘 데 하며 안주하고, 걸었던 걸음에 집착하여 되돌아보고 그 감흥에 젖어 산다면, 인생도 그 발에 묶여 멀리 나아갈 수가 없다. 포기하는 것은 더 많은 것을 얻기 위한 도전이다. 포기를 모르는 사람은 자신이 걸어왔던 좋은 길만을 보고 얼마나 더 좋은 길이 남아있는지 알지 못한다.

우리는 더 멀리 내다보고 더 멀리 생각해야 한다. 일시적인 현상에 미혹되면, 더 먼 곳에 있는 풍경을 보기 힘들다. 당신 시선을 큰 나무 아래의 풍경에 집중하지 마라. 작은 꽃과 풀, 기어 다니는 곤충밖에 더 볼 수 있겠는가. 이제는 고개를 들어 나무 뒤편에 있는 울창한 숲과 드넓고 높은 하늘을 봐야 한다. 나무에 꽃이 피는 것은 감상할 가치가 있지만, 나무에서 벗어나 시선을 더 넓은 곳으로 확장하면 진정한 계절의 아름다움을 만끽할 수 있다.

Harvard Life Counseling

"하느님은 물고기와 낚싯대 중 어느 것 하나에 대한 선택의 기회를 줍니다. 우리가 물고기를 선택하면, 물고기 한 마리밖에 먹지 못합니다. 멋진 삶의 장기적인 계획을 세운다면 당연히 낚싯대를 선택하겠지요."

하버드대학 심리학 교수의 강의 내용이다. 우리는 가끔 쉽게 얻을 수 있는 행복에만 신경 쓰고, 행복한 삶을 여는 열쇠는 무시하곤 하는 것에 대한 지적이다.

05

행복을 좇지 말고 행복과 동행하라

사람의 일생을 간추려보자. 유아기와 유년기를 넘어 청소년기엔 대학에 들어간다. 직장을 구하고, 결혼하고, 아이를 낳고, 아이가 자라서 당신의 품을 떠나고, 정년으로 직장생활을 마무리하면 노년이고, 생을 마무리할 단계가 된다. 자기를 돌볼 틈도 없이 달리고, 쉼 없이 달리면서 '보다 더'를 외치며 전진한다.

생각해보면 우리의 행복은 언제나 내일에 있다. 그러나 내일은 늘 다가오는 날이기 때문에 행복은 현실화되지 못하는 신기루다. 행복을 좇지 말고 곁에 있는 행복과 동행하라. 지금 살아있는 것 자체가 행복이다.

눈앞에 있는 따사로운 햇빛을 볼 수 있고, 신선한 공기를 마실 수 있고, 천지를 자유로이 거닐 수 있지 않은가. 프랑스 사상가 파스칼은 자신의 명상록 《팡세》에서 이렇게 말했다.

“우리는 지금을 잡지 않고, 과거에 빠져 있지도 않고, 미래를 갈망해왔다. 이미 바람처럼 스쳐 지나가고 있는 것을 잡으려고 하지 않는 것은 시간이 느리다고 생각하기 때문이고, 미래가 빨리 오게 할 방법을 생각하는 것은 너무 어리석기 때문이다. 결국, 사람들은 자신의 시간이 아닌 것에 빠져서 유일한 자신의 시간을 무시한다.”

사람들은 행복했던 과거를 추억하며 끊임없이 옛이야기를 되새긴다. “그때가 좋았어.”, “내가 그 정도였다니까.”라고 호기롭게 말한다. 그리고 미래를 기대하며 “앞으로 잘살 거야.”라고 믿는다. 이미 가졌던 아름다운 것과 아직 가지지 못한 행복을 추구하는 것이다. 그러나 우리는 지나간 것으로 과시하거나 슬퍼할 필요도 없고, 그럴듯한 바람으로 내일만 꿈꾸며 살 필요도 없다. 사람은 영원히 현재를 살아갈 뿐이다. 그러니 현재에서 행복을 잡아야 한다.

현재를 의미 없이 흘려보내면서 더 성공할 수 있었고, 사랑과 가족이 지금보다 더 견고해질 수 있었고, 더 멋진 삶을 살 수 있었다고 후회하지 마라.

이미 지나버린 되돌릴 수 없는 것들로 현재를 망쳐서는 안 된다. 과거로 돌아간다고 한들 변하는 것은 아무것도 없다. 왜냐하면 그때만큼은 당신이 할 수 있는 만큼 최선을 다했기 때문이다. 그 결과가 현재 아닌가.

앞으로의 삶이 지금보다 더 나을 수도 있다. 지금보다 성과가 있고 더 좋은 사랑을 만나고, 가족들과의 관계가 더 나아질 수도 있고, 더 행복하게 보낼 수도 있다. 그러나 현재를 제대로 살아내지 못하면 이런 것들은 연기처럼 사라진다. 현재가 미래를 만들어내기 때문이다.

과정을 즐길 수 없다면 어떻게 멋진 인생을 맛볼 수 있을까? 현재를 살고 건강한 마음가짐으로 매순간 '오늘'을 즐긴다면, 당신이 추구하던 행복은 당신의 손에 있을 것이다.

Harvard Life Counseling

하버드대학 심리학 교수 탈 벤 샤하르는 자신의 공개수업에서 "많은 사람이 오늘 어제를 그리워하고, 내일을 상상하는 바람에 어제와 내일이 늘어나고 오늘은 줄어들었다."라고 말하며 우리가 진정으로 잡을 수 있는 건 오늘뿐이라고 지적했다.

진지하게 오늘을 살고, 지금을 잘 잡고 '오늘'을 의미 있게 보내야만 행복하고 아름다운 내일을 갖고, 이번 생을 헛되이 보내지 않을 수 있다. 살아있는 것 자체가 행복이니 현재를 살자. 현재를 사는 건 생명을 소중히 여기고, 생명에 감사하는 것이다.

06

넘어졌다면
아파하지 말고 일단 일어나라

1832년, 직장을 잃고 정치가가 될 준비를 하지만, 안타깝게도 주 의회의원 선거에서 떨어진다. 창업을 시도하지만 1년도 채 되지 않아 기업은 망하고, 10여 년 동안 부채를 갚기 위해 고생한다.

1838년, 아팠던 몸을 회복하고 주 의회의장 선거에 출마하지만 실패한다.

1843년, 미국 국회의원 선거에 재출마하지만 역시 성공하지 못한다.

1846년, 드디어 국회의원으로 당선된다. 토지 관리에 관한 안건을 신청하지만, 연속으로 두 번 실패한다.

1854년, 참의원 선거에 출마하지만 실패한다.

1856년, 미국 부통령 선거에 참패한다.

1858년, 참의원 선거에 재출마하지만 역시 실패한다.

1860년, 미국 대통령으로 당선된다.

1861년~1865년 미국 내 남북전쟁을 승리로 이끈다.

미국 대통령 링컨의 연표다. 링컨의 일생을 살펴보면 시도하는 것마다 실패로 끝난다. 그러나 포기하지 않았고 실패에 굴복하지도 않았다. 그는 자기 자신의 꿈을 포기한 적이 없었기 때문에 늘 자기 삶의 주도권을 쥐고 살았다.

우리는 살아가면서 온갖 어려움과 실패를 맞닥뜨린다. 한두 번 실패를 거듭하면 자신의 능력을 부정하고, 자기의 가치를 스스로 떨어뜨린다. 다시 도전할 용기를 내지 않고 실패한 것만을 곱씹으며 주저앉는다. 다시 일어설 준비조차 엄두 내지 않는 것은 어리석음이다.

인생에서 똑똑하고 기지가 넘치는 것도 중요하지만, 노력과 용기는 더 중요한 작용을 한다. "둔한 새가 먼저 날아간다."라는 중국 고사성어가 있다. 능력이 모자란 사람이 남에게 뒤질까 봐 먼저 행동을 개시한다는 뜻으로 열심과 최선으로 자신의 단점을 보강하고 실패에 대비한다는 것이다. 이렇게 지혜로운 자들은 한 번 실패한다고 해서 자기 날개를 접거나 부러뜨려 아예 날지 못하게 하지 않는다. 오히려 자신을 좌절시킨 날개를 점검하고 보완한다. 다시 날 준비를 실패와 좌절의 시기에 하는 것이다.

아인슈타인은 어렸을 때 또래 친구들보다 말을 늦게 했고, 똑똑하지 않은 아이로 여겨졌다. 담임선생님은 아인슈타인의 아버지에게 "솔직히 형편없습니다. 거리에서 청소하는 일조차 감당할 수 있을지 걱정될 정도입니다."라고 말했다. 그러나 아인슈타인은 주위의 걱정과 우려에 의기소침하지 않았고 끊임없는 노력으로 비범한 능력을 세상에 증명해냈다.

세계의 대문호 톨스토이도 어렸을 때 똑똑하지 않고 게으른 아이였다. 학창시절 성적은 평범했고 대학에 진학 후 역사를 비롯해 여러 과목에 낙점했기 때문에 학교의 규정에 따라 유급됐다. 수치와 분노를 느낀 톨스토이는 아예 학교를 자퇴해버렸다.

부모님의 걱정에 자존심이 강했던 톨스토이는 자기 자신을 증명해내기 위해 끊임없이 노력하고 반성하면서 마음속의 문학적 이상을 확고하게 다졌다. 후에 그는 세상을 놀라게 할 천재라는 걸 증명했다. 특히 장편소설《전쟁과 평화》결말 부분에 역사적 지식을 한껏 드러냈다.

학창시절 교장이 "저 아이는 백만장자가 되거나 감옥에 가게 될 것이다."라고 한 영국 최고의 브랜드 버진Virgin그룹의 창업주 리처드 브랜슨은 전 세계에 400여 개의 자회사, 직원 5만여 명 규모의 기업가였다.

그런데 그는 극심한 난독증 때문에 학창시절에는 늘 꼴찌를 맴돌았으며, 회사경영의 가장 기본적 요소인 재무제표도 읽지 못한다고 한다. 실제로 그는 사업 시작 후 34년이 지난 50세가 될 때까지 순이익과 총이익의 차이를 몰랐다고 공개적으로 밝히기도 했다. 그런 그에게 난독증은 장애가 아니었다. 오히려 더 많은 것에 도전하고 재미난 발상을 할 수 있는 기회로 삼았다. 남다른 생각과 반항아 기질, 도전정신으로 기업을 창업해 이끌었고, 성공했다. 영국 경제에 기여한 공로로 엘리자베스 여왕으로부터 기사작위까지 받았으며, 창조경제를 시도하려는 모든 이가 벤치마킹하는 인물이 된 것이다.

성공학자 나폴레온 힐은 “실패는 단단하게 발전하는 과정 중의 한 장면에 불과하다.”라고 말했다. 한 철학가는 “성공은 몇 개의 단계로 형성되어 있고, 실패는 그중의 한 단계일 뿐이니 실패로 인해 나아가던 발걸음을 멈추는 것은 매우 어리석은 일입니다.”라고 했다. 실패 앞에서 의기소침해하지 않고, 고통을 원동력으로 만들고 비관을 낙관으로 바꾼다면, 성공은 멀지 않은 곳에서 우리를 기다리고 있을 것이다.

우리가 인생 밑바닥에 처해 있다고 생각할 때, 무턱대고 절망하면 행복은 사라진다. 꿋꿋하게 앞으로 나아가기 위해 노력할 때 성공은 우리의 것이 된다.

Harvard Life Counseling

미국의 문학가 헨리 데이비드 소로는 “실패와 좌절이 청춘의 찬란함을 앗아가더라도, 인생의 전망에 존귀함을 준다.”라고 말했다.

실패에 대한 생각을 바꾸면 당신 인생이 전환점을 맞을 수 있다. 이제 당신 머릿속에 새겨 넣을 문구를 정해보자.

“인생은 파도처럼 올라갔다 내려가는 기복 속에서 앞으로 나아가는 거야. 한두 번의 실패는 인생의 밑바닥을 체험하는 것뿐, 다가오는 것은 반드시 인생의 클라이막스다!”

07

천재가 아니라면
최선을 다해 노력하라

관리학의 대가 피터 드러커는 프랑스의 신문사에서 근무하게 되었다. 천신만고 끝에 얻은 인턴 기회였고, 열심히 일하지 않으면 다른 경쟁자들에게 밀려 도태된다는 걸 알고 있었기 때문에 매일 글쓰기에 노력을 기울이고 진지한 태도를 유지했다.

진심어린 노력으로 편집장의 마음을 산 드러커는 매우 빠르게 국제면과 비즈니스면의 편집 책임자가 되었다. 업무와 지위가 안정되자 큰 스트레스를 받을 이유가 없었던 그는 나태해져 이전처럼 노력하지도 열심히 하지도 않았다.

드러커의 태도에 몹시 화가 난 편집장은 호되게 꾸짖으며 앞으로 노력하지 않으면 해고할 거라고 경고했다. 위협에 가까운 편집장의 말에 드러커는 잘못을 깨닫고 부끄러운 마음에 다시 원고를 쓰기 시작했다. 밤을 새워서 완성한 끝에 겨우 편집장의 인정을 받았다. 이 사건 이후 드러커는 자신의 어리석음을 깨닫고, 매일 자기 자신을 타이르며 하루하루를 가장 중요한 결전의 날처럼 보냈다.

삶을 충실하게 보내는 것은 자신에게 주어진 매일을 중요하게 여기는 것으로 하루하루에 최선을 다해야 한다. 그것만이 발전을 가져오고 높은 업무 효율과 업무 열정을 유지할 수 있다. 집중력이 높은 사람은 발전 기회를 쉽게 잡을 수 있고, 항상 준비되어 있기 때문에 성공의 기회는 더 크다.

'샐러리맨의 황제'라 불리는 중국의 탕쥔은 마이크로소프트사에서 코드를 입력하는 평범한 소프트웨어 엔지니어였다. 그는 7년의 시간을 투자해 마이크로소프트에서 가장 신임하는 인재 중 한 사람이 되어 마이크로소프트 중국 총재직을 맡았다. 마이크로소프트에서 유래 없는 일이었다.

탕쥔의 변화는 가히 놀랄 만하지만, 그는 천재가 아니었기 때문에 모든 것을 보완하려고 노력했다고 한다. 탕쥔이 성공하기 위해 유일하게 의지했던 건 십수 년을 변함없이 보여준 근면한 업무태도였다. 그가 마이크로소프트에 갓 입사했을 때, 운으로 들어온 거라고 조롱하는 사람들이 있었다. 탕쥔은 그 부분은 어느 정도 인정을 하면서 스스로 마이크로소프트에서 정착하고, 더 멀리 나아갈 수 있다는 사실을 모든 사람에게 증명해야겠다고 다짐했다.

마이크로소프트에는 인재가 차고 넘치기 때문에 입사했다고 하더라도 경쟁에서 도태될 수 있다는 사실을 그는 잘 알고 있었다. 또한, 항상 경계심을 가지고 추격자와 경쟁자의 태도로 업무에 임해야만 발붙이고 생존할 기회가 생긴다는 것도 알았다. 마이크로소프트에 입사하기 위해 조금의 나태함도 보이지 않고 필사적으로 노력했던 것처럼 탕쥔은 매일 추가 근무를 할 정도로 열심히 일했다. 결국 자신의 능력을 높여 자리도 유지하고 동료와 상사의 호감을 받을 수 있었다.

사람들은 피터 드러커와 탕쥔과 같은 인사의 성공은 비범한 두뇌 덕분이라고 생각하고, 부지런하게 노력한 점은 간과한다. 하지만 "부지런함은 없는 재주도 메울 수 있다."라는 말을 기억하자. **부지런함은 타고난 자질이 우둔한 사람에게만 필요한 게 아니라 성공을 갈망하고, 부를 갈망하는 사람에게도 절실히 필요하다.** 한 성공 인사는 "부지런히 일하지 않고 성공을 얻을 수 있는 사람은 없습니다."라고 했다. 부지런함은 성공과 부를 얻을 수 있는 중요한 수단이자 필수적인 수단이다.

Harvard Life Counseling

중국 국학의 거장 자오위안런은 "부지런함과 성공은 친한 친구입니다. 자질이 조금 떨어지는 건 중요하지 않으며 부지런히 노력하면, 큰일을 이룰 수 있습니다."라고 말했다.

당신이 조금 서툰 사람이든 재능이 넘치는 사람이든 '부지런함'을 무시하면 안 된다. 큰 성취를 이루고 싶다면, 단번에 이룰 헛된 생각에 빠지지 말고, 실제 행동으로 조금씩 조금씩 쌓아야 한다. 밭을 갈고 희망의 씨앗을 뿌리고, 부지런히 땀 흘려 물을 주면, 큰 수확의 기쁨을 거둘 수 있다.

성공하려는 본인의 의지가 다른 어떤 것보다 중요하다.

에이브러햄 링컨

Part 11

SUCCESS

사소한 만족을 탑처럼 쌓으면 성공한다

SUCCESS

H A R V A R D

L I F E

C O U N S E L I N G

평범하고 소소한 일, 미세한 변화, 무심결에 한 동작이 성공으로 이끌 수 있다. 사소하고 평범한 현상에 숨어 있는 성공의 비결을 찾아내고, 일상생활에서 그것들을 실천하면 된다. 그러나 우리는 그것들이 작고 미미하고 사소하다는 이유로 '대충' 넘긴다. 그러나 바위를 뚫는 것은 한 방울의 물이다. 그 위력을 좌시해서는 안 된다.

01

지식은 축적될수록
위대한 힘을 발휘한다

지식은 사람의 사고 활동을 위한 일차적인 바탕을 제공한다. 사고 활동의 넓이, 깊이, 창조성은 그 사람의 지식 축적과 지식 구조가 얼마나 완비되어 있고, 얼마나 합리적인지에 달려 있다. 성공학의 대가 나폴레온 힐은 "모든 아이디어 뒤에는 전문 지식이 지탱하고 있다."라고 말했다. 지식의 일차적인 바탕의 양과 질은 사고의 질과 기능을 결정하는 것이다.

사고의 넓이는 해박한 지식 축적이 필수적이다. 지식 면적이 넓을수록 문제를 사고하는 사고의 각도가 넓어지고, 문제를 처리하는 방법도 매우 유연해진다. 아는 만큼 보이고 들리기 때문에 생각의 갈피가 폭넓고, 본질을 잘 파악하는 등 전반적으로 사물의 인식이 깊다. 나폴레옹이 지략가가 되고, 뉴턴, 아인슈타인이 과학자가 되고, 베토벤, 슈트라우스가 음악가가 될 수 있었던 건 그들이 각 영역의 관련 지식을 풍부하게 갖춘 결과다.

반면 지식의 면적이 협소한 사람은 전문 지식에 깊이 파고들 수 없고, 문제를 생각할 때 편견을 드러내기 쉽다. 편견이 축적돼 지식의 일부분이 되면 정상적인 사고 활동에 장애가 되고, 잘못된 인식을 하게 될 수도 있다.

지식수준은 사고의 너비를 결정하고, 사고능력은 타인과의 경쟁력으로 작용하기 때문에 지식축적은 성공을 위한 지름길이다. 사람들은 자신이 어느 정도의 지혜와 능력을 갖췄다고 생각하지만, 그것은 끝없이 광활한 세계에서 모래 몇 톨만큼 적다. 우리가 알고 있는 지식은 수많은 세상의 진리 앞에서 미미하고도 미미하다. 겸허하게 가르침을 받고, 배우려고 하지 않으면 지식 면적은 넓어질 수 없다. 사회는 변화가 빨라서 예전에 배웠던 지식은 지금 시대와 맞지 않을 수 있다. 끊임없이 배워 지식의 일차적인 바탕을 넓혀야 한다.

독일 쾰른 근처에 사는 요한나 막스는 1994년, 당시 70살의 나이에 6년 동안 우수한 성적으로 쾰른대학 교육학 석사 졸업장을 따냈다. 막스 부인은 여든에 가까운 나이에 200페이지의 박사 논문 〈어떻게 편안히 노년을 보낼 수 있을까_학습은 노인에게 활력을 준다〉를 완성했다. 나중에 그녀는 쾰른대학에서 박사학위를 수여받았고, 많은 사람이 끊임없이 노력하는 그녀에게 찬사를 보냈다.

막스 부인은 활발하고, 명랑한 성격으로 퇴직 후에도 조용히 지내는 걸 싫어해서 불어 학원을 등록했다고 한다. 후에 그녀는 쾰른대학 노인반에서 학생을 모집한다는 신문광고를 보고 용감하게 지원해서 정식 대학생이 되었다. 당시, 64살의 나이여서 학기에 적응하기란 매우 힘들었다. 학교 과정을 스스로 정해야 했고, 강의의 중요 포인트를 잊지 않아야 했다.

하지만 막스 부인은 배울수록 신나했다. 젊은 시절 쌓았던 풍부한 지식과 학습 기초로 성적은 반에서 선두에 있었다. 평소에는 젊은 사람들처럼 캐주얼 차림이나 청바지를 입었고, 다른 학생들과 함께 게임이나 체육활동을 했다. 세 번째 학기에 컴퓨터 조작법을 배우고 필요 학점을 다 채웠다. 학업이 바쁜 와중에도 '아내'라는 신분을 잊지 않았고, 매일 집에서 집안일을 하고 남편과 함께 저녁식사도 했다. 학생들은 막스 부인이 학업과 가정을 모두 잘 챙기는 것에 감탄했다.

성공한 사람 중에 억지로 공부하는 사람은 없다. 새로운 지식을 얻는 건 그들에게는 일상생활이기에 자율적으로 공부한다. 공부 자체가 부담이라 배움을 게을리한다면 당신 인생은 실패로 끝날 확률이 높다. **성공과 실패는 지식을 얻는 당신의 태도에 달렸다.**

Harvard Life Counseling

하버드대학 경제학 박사 제임스 토빈은 "지식은 끝이 없고, 배움에도 끝이 없다. 인류는 이렇게 진화한다."라고 말했다.

배움의 중요성을 알았다면, 지금부터 노력해도 늦지 않는다. 배우는 것을 즐기고 어린 사람에게 묻는 것을 부끄러워하지 말자. 살아있는 한 배움을 멈추지 말고, 어려움을 극복해내는 정신을 가져야만 진정으로 배움에 성과가 있을 것이다.

02

생각보다 작은 것에서 성패가 나뉜다

소설가 찰스 디킨스는 잡지 《연중 일지》에서 “천재란 작은 부분을 신경 쓰는 사람이다.”라고 했다. 디킨스의 대답에서 드러나듯 천재란 작은 부분을 잘 포착하는 사람이다. 그들은 일상생활에서 가장 눈에 띄지 않는 구석에서 가장 훌륭한 영감을 받는다.

우리는 전체에 영향을 미치지 않는 작은 일에 시간을 낭비하면 안 된다면서 큰일 위주로 처리하려 한다. 원대한 뜻을 품고 대작을 만들어야 한다는 의미에서 맞는 말 같지만, 사실 일의 성패는 사소한 부분에서 결정된다.

두 명의 비서가 있다. 한 사람은 기차표를 사서 손에 쥔 그대로 사장에게 줬다. 기차표가 뒤죽박죽 섞여 있어서 잃어버리기 쉽고, 시간을 제대로 보기도 어려웠다. 다른 비서는 기차표를 봉투에 담고,

봉투 겉면에 기차 편명과 좌석 번호, 출발시간과 도착시간을 적어서 사장에게 줬다. 누가 봐도 두 번째 비서가 세심한 사람이다. 본인은 몇 가지 사소한 일을 더 했을 뿐이지만, 사장의 수고를 덜어주었다.

당신이 사장이라면 누구를 고용하겠는가? 기차표를 대충 고무줄로 묶어서 다른 문서와 물품이 가득한 책상 위에 올려두면, 사장은 정확한 기차 시간을 몰라서 기차를 놓치고 사업을 망칠 수도 있다.

명령에 따라 기차표를 사는 건 누구나 할 수 있는 일이지만, 일 처리를 잘하는 사람들은 어떻게 처리해야 상대가 더 만족하고, 더 편할지를 생각한다. 마음을 써서 사소한 부분을 신경 쓰면 성공적인 업무 처리를 할 수 있다.

어느 회사의 면접관은 일부러 의자 손잡이에 못을 박아두었다. 대부분 면접자들은 못을 발견하지 못했거나 발견해도 신경 쓰지 않았다. 당연히 그들은 원하는 직장을 얻는 데 실패했다. 마지막에 들어온 면접자는 학력이 무난하고 대답도 평범했다. 면접관은 실망하며 떨어뜨릴 생각을 하고 있었는데 그가 면접장소를 벗어날 때 못을 뽑아 주머니에 넣는 것을 보았다. 면접관은 즉시 그 사람을 직원으로 채용했다. 평범했던 면접자는 세심함으로 직장과 직위를 얻어낸 것이다.

1485년, 영국 국왕 리처드 3세와 리치먼드 백작 헨리 튜더 사이에 보즈워스전투가 벌어졌다. 전투 전 리처드 3세는 마부에게 전투마의 말발굽을 만들라고 지시했다. 대장장이가 철제로 된 말발굽을 만들다가 못이 하나 부족했다. 못을 찾아오겠다는 대장장이의 말에 마부는 곧 전투가 벌어질 테니 대충 빨리 만들라고 했다. 마부의 재촉에 대장장이는 할 수 없이 못 하나를 박지 못한 채 마무리했다. 결과는 전투 도중 말발굽이 빠졌고 리처드 3세는 낙마로 사망했다. 한 시대의 영웅이 못 하나 때문에 목숨을 잃고 만 것이다.

작은 부분은 단조롭고 눈에 잘 띄지 않아서 사소하고 보잘것없지만, 때론 대업을 이룰 수 있는 기초가 된다. 지나치게 평범하고 지루하게 느껴지지만 일의 전반적인 흐름에 영향을 준다. **작은 부분을 보지 못하거나 무성의하게 처리하는 사람은 그 어떤 일도 진지하게 해낼 수 없다.** 자신이 맡은 일을 대충 처리하는 게 습관이 되면, 삶의 열정을 잃게 되고 자연히 더 큰 임무도 맡을 수 없다. 자기 자신조차 제대로 돌보지 않는 사람이 어찌 이 세상을 주도할 능력이 있겠는가?

Harvard Life Counseling

하버드대학 박사이자 은행가 데이비드 록펠러는 "예로부터 지금까지 눈부신 사업은 작은 일들이 쌓여서 이루어졌다. 큰일을 해내고 싶은 사람은 비현실적인 이상을 추구하는 것을 포기하고, 착실하고 진지하게 일해야 한다."라고 말했다.

큰 야심과 포부가 있는 건 매우 기특하지만, 희망에만 의존할 순 없다. 멋진 인생을 살고 싶다면, 세심하고 빈틈없이 일을 처리해야 한다. 주변에서 미세한 일을 잘 처리하면 더 큰일도 잘 처리할 수 있다.

03

변명거리를 찾지 말고 문제해결의 돌파구를 찾아라

미국 육군사관학교가 신봉하는 행동 준칙이 있다. 자기가 맡은 직책을 성실히 수행하고, 임무를 완수해야 하는 과정에서 어떠한 난관에 부딪힌다 할지라도 변명거리를 찾으면 안 된다는 것이다. 그래서 학생들은 완성하지 못한 임무의 변명을 찾는 것이 아니라 모든 임무를 완성할 방법을 생각한다. 매우 합리적으로 보이는 어떠한 변명도 용납되지 않기 때문이다.

누구에게든 성공으로 향하는 길은 순조롭지 않다. 적극적이고 능동적인 사람도 파도와 폭풍우가 밀어닥칠 때 "주동적으로 대처해야 할까, 아니면 물러날 변명거리를 찾아야 할까?"라고 고민한다. 대부분의 사람은 후자를 선택한다. 그래서 실패한다.

그들은 변명이 잘못된 태도이자 왜곡된 이념이라는 걸 모른다. 어려움을 만나자마자 변명거리를 찾는 것은 불손한 심리의 외재적인 표현이다. 이런 사람이 어떻게 성공할 수 있겠는가!

피터 위버로스는 로스앤젤레스 올림픽 조직위원장이었다. 전 세계인들의 올림픽에 대한 열정을 알아차린 위버로스는 기업과 사회의 관계를 거시적으로 생각한 뒤, 대담한 돈벌이 결론을 도출해냈다. 그 중 대표적인 것이 올림픽 중계권료 판매였다. 방송사들의 경쟁을 불러와 중계권료를 계속 올릴 수 있을 것이라 예상했다.

그는 기존에 해왔던 것과 달리 가격경쟁에 참가하는 방송사들이 먼저 보증금을 내게 했다. 미국의 방송사들은 중계권을 얻기 위해 어쩔 수 없이 보증금을 냈다. 워버로스의 예상은 적중했고 중계권 판매로 수억 달러의 자금을 모을 수 있었다. 덕분에 로스앤젤레스 올림픽은 성공을 거두었다.

위버로스는 지난 일을 회상하며 말했다.

"이 세상일은 생각만 하면 돌파구가 보입니다. 어려움을 두려워하지 않으면 해결방법이 있습니다."

많은 사람이 문제를 해결하지 못할 때 변명거리부터 찾는다. 지각하면 늦게 일어나서가 아니라 도로에 차가 막혔다고 하고, 성적이 떨어지면 자신의 노력이 부족해서가 아니라 출제 범위 밖의 문제가 나왔다고 하고, 경쟁에서 실패하면 자기가 부족해서가 아니라 경쟁 상대가 반칙을 했다고 말한다. 항상 온갖 변명으로 어물쩍 넘어가는 데 습관이 된 사람들은 자신의 과실을 가리고, 자신이 반드시 져야 하는 책임마저도 변명으로 일관하며 회피한다.

문제가 발생하면 어떻게 도망갈지 생각하지 말고, 마음가짐을 바르게 해서 문제를 해결하기 위해 노력하는 것이 진정한 성공법이다. 인생에는 변명이 필요하지 않다. 방법만 필요할 뿐이다. 실패해도 좋고 실수를 해도 상관없다. 용감하게 대응하고 바로 잡으면 인생은 점점 더 나아질 것이다.

Harvard Life Counseling

마이크로소프트 기술고문 빌 게이츠는 "뛰어난 직원은 불쌍한 변명으로 회피하지 않고, 머리를 써서 고객이 만족할 방법을 찾아냅니다."라고 말했다.

어려운 상황에서 적극적으로 해결방법을 찾는 태도는 사람의 잠재적인 지혜를 깨울 수 있다. 어려움 앞에서 물러나는 행위는 실패의 결과를 맞이할 뿐이다. 좌절을 겪고 어려움을 겪을 때, 벗어날 변명을 생각하지 말고 해결할 수 있게 머리를 굴려라. 하늘이 무너져도 솟아날 구멍은 있다.

04

과욕은 기회를 쫓아내고, 성실은 기회를 불러온다

사람들의 지능은 대부분 비슷하고 기회도 평등하다. 기회가 없다고 불평하는 사람은 단지 기회를 잡지 못했을 뿐이다. 모든 사람에게 성공할 기회는 공평하게 주어진다. 주변에서 일어나는 소소한 일에 관심을 기울이고, 일상생활의 사소한 부분에 관심을 가지면 기회를 볼 수 있다.

기회는 사소한 부분에 숨어 있다. 뉴턴은 사과가 떨어지는 현상에서 만유인력을 발견했고, 와트는 수증기가 주전자 뚜껑을 들어 올린 현상에서 증기기관을 발명해냈고, 록펠러는 38방울의 석유 최적화로 승진의 길을 열었고, 캔들러는 상처를 치료하다가 코카콜라 시장을 개척했다.

그들은 아주 작은 부분에서 중요한 단서를 발견했고, 평범한 일상생활에서 성공의 기회를 발굴했다. 예리한 시각과 작은 부분을 장악하는 뛰어난 능력을 갖춘 그들은 모두가 부러워하는 걸출한 인물이 된 것이다.

우리가 살아가면서 놓친 기회 중에는 의도적으로 잡을 수 있었던 것들도 많다. 일상생활에서 모든 부분에 기회가 존재한다. 그런데 무신경하게 넘기거나 성공을 갈망하면서 한방을 기대하며 작은 것들은 시시하다고 무시했기 때문에 그 좋은 기회를 놓치고 마는 것이다. 다시 말하지만 기회는 항상 그 자리에 존재하고 공평하게 모든 사람을 대하고 있다.

하버드대학 교무주임 하비 파인버그는 "기회를 잡으면 한 가지 일을 완성할 수 있고, 매우 귀한 기회를 잡으면 여러분의 인생을 성취할 수 있습니다."라고 말했다. 인생에는 예측할 수 없는 일이 많고, 어떤 기회들은 우리의 곁으로 바짝 다가섰을 수도 있다. **성공과 밀접한 관계가 있는 객관적 조건들은 결단력 없고 우물우물하는 태도를 보이는 당신에게 기회로 전환될 리 없다. 성공하기 위해서는 마음가짐, 건강, 물질적 조건을 모두 잘 갖춰두고 언제든지 올 기회를 잡으려고 노력해야 한다.**

한 상인이 아버지의 유업인 보석 판매업을 계승했다. 그는 자신이 보석 판매에 대한 감각이 부족해서 발전 가능성이 낮다고 생각하고, 의류 판매로 업종을 전환했다. 의류업은 쉽게 전문 지식을 찾을 수 있어서 입문하기에 좋았다. 가진 재산을 모두 투자해서 의류점을 열었지만, 3년 만에 그의 가게는 문을 닫아야 했다. 이익에 집착한 나머지 옷의 가격을 너무 높게 책정했기 때문이다.

여러 번 고심한 끝에 이번에는 레스토랑을 열었는데, 이번엔 손님이 오질 않아 또 문을 닫을 수밖에 없었다. 그 후에도 화장품, 시계, 염색 등 여러 사업에 도전했지만 예외 없이 실패로 끝났다.

열혈 청춘이었던 그는 어느덧 쉰을 바라보고 있었다. 아버지의 보석 가게를 물려받았던 때부터 지금까지 25년의 소중한 시간이 실패로 뒤덮여 있었다. 흰머리가 희끗희끗하게 자란 그에게 남은 것이라곤 아무것도 없었다.

기회는 끝까지 우리를 포기하지 않는다. 도전하고 도전할 때마다 기회가 곁에 있다. 하지만 과욕은 기회를 쫓아내고 결국 실패하게 만든다. 또한 유행과 시류를 따라 움직인다면 결코 좋은 결과로 이어지기 힘들다. 성공은 무척 날렵해서 우리가 쫓을수록 더 빠르게 도망가기 때문이다. 꾸준히 인내심을 갖고 성실하게 하는 일에 임하고 기회가 왔을 때 포착해서 잡는 것이 중요하다. 영국 철학자 베이컨은 "현명한 사람은 자기 자신에게 주어진 것보다 더 많은 기회를 만든다."라고 말했다. 사람의 일생이 얼마나 멋질지는 예측하기 어렵지만, 결정적인 의미의 기회를 잡을 수 있느냐는 멋진 인생의 관건이다.

Harvard Life Counseling

하버드대학 박사이자 은행가 데이비드 록펠러는 "기회는 사업 발전의 관건으로 대업을 이룬 모든 사람은 기회를 잘 잡을 뿐만 아니라 기회를 만드는 데도 능통하다."라고 말했다.

성공을 추구하는 과정에서 노력과 재능도 중요하지만, 기회도 빠질 수 없는 요소 중 하나다. 기회를 잘 잡고, 기회를 잘 만드는 사람은 물러서지 않고 망설이지도 않는다. 그들은 성공의 기초를 만들고, 행운의 여신이 오기를 두 팔을 벌려 맞이한다.

05

목표가 있으면 꿈은 반드시 이루어진다

세계적인 탐험가 존 고다드는 어릴 때부터 과감하게 꿈을 꾸고 용기 있게 도전하는 사람이었다. 15살 때 이미 127개나 되는 꿈의 목록을 빼곡하게 나열했다. 나일강 탐험, 에베레스트산 등반, 수단의 원시 문화답사, 1마일(약 1,600m) 5분에 주파하기, 《성경》 처음부터 끝까지 통독하기, 수중 탐험, 베토벤의 월광 소나타 피아노 연주하기, 《브리태니커 백과사전》전권 읽기, 전 세계 모든 국가 한 번씩 방문하기 등이었다.

존 고다드는 자신의 버킷리스트에 따라 자신의 꿈을 하나씩 완성했고, 살아가면서 한 번도 멈춘 적이 없었다. 72살이 될 때까지 그는 127개 중 105개를 완성했고, 거기에 다른 사람을 즐겁게 하는 일도 여러 개 있었다.

존은 일생을 꿈으로 살아왔는데 그 꿈들이 다른 사람들과 다른 점이라면 남들에겐 꿈으로 남았지만 그는 꿈을 이루었다는 것이다.

꿈은 추상적인 것이 아니며, 추측하는 것도 아니고, 허무맹랑한 것도 아니다. 그러나 실현하지 않으면 영원히 꿈으로 남게 된다. 평생 목적 없이 방황하고, 불평만 하고, 분명한 목표가 없는 사람에게는 얼토당토않은 꿈만 있을 뿐이다. 목표가 없다는 것은 나아갈 수 있는 원동력이 없어서 꿈의 실현에서 점점 멀어지게 만든다.

현명한 사람들은 짧은 시간에 실현할 수 있는 가까운 목표에 적극적으로 노력을 가하며, 하나하나 이루어가는 과정에서 어느새 큰 목표를 달성하게 된다는 사실을 믿는다. 작은 목표에 도달했을 때 진전이 있음을 느끼고 자신감이 생긴다. 이때 잠시 쉬었다가 다시 기운을 내서 다음 목표를 향해 달려가면 된다. 꿈은 목표의 구슬을 연결하는 것으로 목표가 더 노력하게 자극한다. 구슬을 꿰듯 목표를 하나씩 실현하면 꿈은 곧 이루어진다.

그래서 우리는 자기 자신을 위한 버킷리스트를 만들어 그 위에 목표를 쓰고 하나씩 완성해 나가야 한다. 성공한 사람은 몽상가가 아니다. 과감하게 꿈을 꾸고, 각고의 노력을 기울여 목표와 꿈의 간격을 메워서 이상의 경지에 도달하는 것이다.

우리는 매일 자신의 임무를 완성하고 있다. 단지 반복되는 업무와 일상에서 임무의 중요성에 신경 쓰지 않을 뿐이다. 대부분의 사람이 자신이 하고 있는 일에 대해 하찮은 일, 습관적으로 매일 하고 있는 일, 자신이 한 뒤에 잊어버려도 되는 일들로 치부한다.

우리는 모든 일에 책임을 갖고 임해야 한다. 처음부터 허투루 해도 될 일이라면 아예 하지를 마라. 대신 어떤 일을 시작할 때는 그 기준을 뛰어넘고 다른 사람이 거는 기대도 뛰어넘어 완성되도록 하라. 그것만이 꿈의 완성도를 높이는 일이다.

Harvard Life Counseling

하버드대학 박사이자 미국 전 국무장관 헨리 키신저는 "젊은 사람들은 하루아침에 성공하길 바라지만, 진정으로 하루아침에 성공한 사람은 거의 없습니다. 우리에게 이런 재주가 있다 하더라도 반드시 삶의 시련을 겪게 될 것입니다."라고 말했다.

삶은 모든 사람에게 명예든 부든 마땅한 보답을 한다. 이 보답의 전제는 자신의 생각과 인식을 바꾸고 한 걸음에 한 발자국씩 착실하게 앞으로 나아가는 것이다. 그래야 운명을 바꿀 힘이 생긴다.

06

성공한 사람과 성공하지 못한 사람의 차이는 인맥에 있다

파나소닉 창업주 마쓰시다 고노스케 회장은 “나의 성공은 대인관계의 성공입니다.”라고 했다. 우리는 어떠한 일을 하든 다양한 방식으로 다른 사람들과 관계를 맺는다. 인맥이 넓을수록 길은 평탄하고, 인간관계가 긴밀하지 않다면 성공의 길은 평탄하지 않을 것이다.

하버드대학은 인간관계가 성공에 미치는 영향을 알기 위해 벨 실험실의 인재들을 대상으로 연구를 했다. 연구 결과, 모두에게 인정받은 전문 인재들은 인간관계에 중점을 두고, 많은 시간을 들여 도움이 되는 사람과 좋은 관계를 맺기 위해 시간을 투자했다. 그래서 문제나 위기가 발생했을 때 평온한 상태로 위기를 안정시켰다. 반면 인맥이 좁은 실험대상자들은 해결할 수 없는 문제를 만났을 때, 전문가에게 도움을 구했지만 오랜 시간을 기다려야 답변을 받거나 아예 답변을 받지 못했다.

사람들은 항상 성공 앞에서 조건을 부여하는 습관이 있다. 그러나 성공의 비결은 매우 단순하다. 언제 어디서든 당신의 인맥을 만드는 걸 밥 먹고 옷을 입는 것처럼 자연스럽지만 필수적인 것으로 행하는 것이다. **"성공은 당신이 무엇을 아느냐가 아니라 누구를 아느냐에 달려 있다."라는 헐리우드의 유행어처럼 인맥을 만드는 건 자기 자신을 판매하는 것이다.**

보험, 미디어, 광고, 금융, 과학기술, 증권 등 각 영역에서 인맥 경쟁은 중요한 요소다. 전문 지식도 중요하지만 인맥은 매우 중대한 영향을 미친다. 인간관계는 부, 명예, 성공으로 향하는 티켓이다. 이 티켓을 가져야 우리의 전문 지식이 유용하게 쓰이고 제 기능을 할 수 있다.

스탠퍼드대학 연구센터가 발표한 연구보고서에 의하면, 한 사람이 벌어들이는 돈의 12.5%는 지식에서 비롯되고, 87.5%는 인맥에서 비롯된다고 한다. 인맥 자원은 매우 빠르게 유용한 정보를 얻을 수 있게 하고, 재산이나 승진의 기회로 전환된다. 위기가 왔을 때 인맥 자원은 위기를 평안한 상태로 바꿔준다. 인간관계가 사업 및 인생의 성패를 결정한다고 해도 무리는 아니다.

다양한 사람들과 좋은 관계를 유지하기 위해서는 상호 신뢰의 전제가 필요하다. 인정과 신뢰를 얻기만 하면 상대방은 당신에게 협조할 것이고 좋은 친구가 될 수 있다. 진지한 말투, 예의 있는 행동, 말한 것은 반드시 실천하는 것 등으로 신뢰 이미지를 세우는 것이다.

다른 사람에게 인정받는 사람은 마음이 넓고 사심이 없다. 정보, 금전적인 이익, 업무의 기회 등을 사람들과 나누길 원하고 함께 이익을 보기를 원한다. 이런 사람들은 다른 사람의 추대를 받고 쉽게 다른 사람들의 도움을 얻을 수 있다.

넓고 탄탄한 인맥을 가지고 싶다면 반드시 자신의 교제 범위를 무한대로 넓히고, 다양한 경로로 많은 사람들을 알아야 한다. 여행, 운동 등의 동호회는 당신 자신을 다른 사람에게 영업할 수 있는 좋은 경로이면서 긍정적인 이미지를 만들어주는 좋은 기회다. 밖으로 나가서 당신의 인맥의 망을 만들고 당신의 성공을 붙잡자.

Harvard Life Counseling

마이크로소프트 기술고문 빌 게이츠는 "성공은 100% 자기 자신만의 힘에 의존하는 것이 아니라 100명에게 1%의 힘에 의존하는 것입니다."라고 말했다.

당신이 매우 우수한 사람일지라도 자신의 재능만을 의지하지 말고 인간관계를 만드는 법을 배워라. 인맥으로 망을 만들면 인맥이 주는 장점을 경험할 수 있다. 성공은 재능과 학문, 능력만으로는 부족하다. 성공한 사람과 성공하지 못한 사람의 진정한 차이는 인맥에 있다.

인생은 흘러가는 것이 아니라 채워지는 것이다.
우리는 하루하루를 보내는 것이 아니라 내가 가진 무엇으로 채워가는 것이다.

존 러스킨

사랑하는 것이 인생이다.
사람과 사람 사이의 결합이 있는 곳에 기쁨이 있다.

괴테